도서출판 대장간은
쇠를 달구어 연장을 만들듯이
생각을 다듬어 기독교 가치관을
바르게 세우는 곳입니다.

대장간이란 이름에는
사라져가는 복음의 능력을 되살리고,
낡은 것을 새롭게 풀무질하며, 잘못된 것을
바로 세우겠다는 의지가 담겨져 있습니다.

도서출판 대장간은
새로운 사회, 즉 예수사회(교회)를 건설하려는
꿈을 가진 도구로서 예수 사회를 구성하는
공동체의 한 지체입니다.

www.daejanggan.org

천국은 어떻게 오는가

지은이	정훈택
초판	1991년 10월 25일
초판5쇄	1999년 3월 20일
개정판	2009년 2월 26일
펴낸이	배용하
책임편집	한상미
교열	박민서
등록	제364-2008-000013호
펴낸곳	도서출판 대장간
	www.daejanggan.org
	대전광역시 동구 삼성동 대동천좌안8길 49
	전화 (042) 673-7424 전송 (042) 623-1424
박은곳	경원인쇄
보급처	기독교출판유통 (031) 906-9191
ISBN	89-7071-152-X

이 책은 저작권법에 의해 보호를 받는 출판물입니다.
기록된 형태의 허락 없이는 무단 전재와 복제를 금합니다.

 값 9,000원

※이 책에 인용된 성경 본문은 저자가 번역한 『공관복음대조성경』을 사용하였습니다.

예수의 비유에 표현된 하나님의 나라

천국은 어떻게 오는가

|정훈택|

| 차례 |

도움말 ·· 9
있는 자와 없는 자 ····················· 17
씨 뿌리는 자 ······························ 29
알곡과 독보리 ···························· 45
겨자씨 ·· 65
몰래 자라는 씨 ·························· 75
효모 ·· 83
밭에 숨겨진 보화 ······················ 89
진주를 찾는 상인 ···················· 103
그물 ·· 111
천국의 율법학자 ······················ 127
일만 달란트 빚진 자 ··············· 141
포도원의 주인 ························· 157
두 아들 ···································· 169
포도원 ······································ 183
결혼잔치 ·································· 195
열 처녀 ···································· 207
달란트 ······································ 219
양과 염소 ································ 225

| 머리말 |

　복음서를 깊이 연구할수록 비유는 그 독특한 향기를 품어낸다. 비유와 함께 예수의 모습도 살아난다. 비유 속에서 그 예수는 살아 움직이며 나에게 다가온다. 비록 언어는 달라졌어도 비유는 그 생생한 그림과 함께 그 말들이 터져 나왔을 그 입술의 주인공을 살아 숨 쉬는 분으로 알려주는 것이다. 더 솔직하게 표현한다면, 비유를 대하는 동안 나는 소리도 없이 이천 년 전의 그 상황으로 빨려 들어가 감탄하며 예수의 입에 시선을 고정했던 청중들 가운데 하나가 되어 버린다.
　관념 속의 예수를 살아 있는 실체로 느끼게 하는 것, 이것이 비유의 소박한 매력이다. 갈릴리의 하늘을 울렸을 그 목소리. 나사렛의 뒷골목에 스며 있는 그 발자취. 비유와 함께 복음서는 생동감 넘치는 책이 된다. 얼굴은 몰라도 그 체취體臭를 맡을 수 있다. 믿음은 먼 하늘에서 우리를 찾아 내려오고, 이곳, 이 세상에서 살아가는 우리의 것이 된다. 우리 주님은 형체 없는 신神이 아니라 그때의 그 나사렛 예수이시다. 나사렛 예수는 손가락 하나 까딱 못하는 역사 속의 그림이 아니라, 21세기 오늘에도 우리를 불러 세워 가르치시고, 힘을 주시고, 위로하시고, 무언가를 부탁하시는 살아계신 주님이시다.
　천국은 어떻게 오는가? 우리는 언제나 복음서로 돌아올 수밖에 없다. 그곳에서 주님의 비유가 우리를 맞는다. 사도행전으로, 바울서신으로, 계시록으로, 혹은 초대교회로, 중세교회나 개혁시대로, 그리고 현대교회로 돌아다니며 온갖 문제들을 만지작거리고 몸부림치다가 홀연히 향수가 솟구치면 우리는 복음서를 찾는다. 이 구심점에서 우리의 뿌리를 확인하고 힘을 얻어 주님과 함께, 그의 비유와 함께 시간의 울타리를 넘어 나온다. 우리는 비유가 시간과 공간의 엄청난 간격을 단숨에 뛰어넘을 수 있다는 사실에 새삼 놀랄 뿐이다.

오래전부터 예수의 비유에 관하여 조그만 글이라도 쓰고 싶었다. 주옥과 같은 비유가 잊히거나 퇴색하는 것에 안타까움을 느끼면서…. 그러나 어려운 작업임을 알기에 주저하곤 했다. 원동교회에서 잠시 성경공부를 인도하게 된 것이 용기를 주었다. 비유의 해석사, 해석 유형, 해석 원리, 원 형태와 변화 형태의 비교연구, 복음서에 실린 비유들 사이의 차이점과 일치점 문제, 조화의 시도나 특징의 추출, 비유의 변천사 등등 모든 신학적 작업들을 보류하고 단순하게 설명하는 것만으로도 큰 도움이 된다는 것을 알았다.

관심을 두고 책으로 만들어준 대장간의 박기삼 사장님께 감사를 드린다.

1991년 9월 7일
사당동에서 정훈택

| 수정판에 붙여서 |

초판이 나온 지 18년이 지났다. 당시 한국을 뜨겁게 달구었던 시한부 종말론은 슬며시 사라졌다. 그러나 천국은 우리가 가는 곳이나 가는 것이기 이전에 예수의 오심과 함께 이 세상에 오는 것이며, 그렇게 이미 시작되었다는 예수의 가르침은 여전히 애써 강조할 필요가 있다.

하나님의 나라를 천당天堂쯤으로, 이 세상에서 살다가 죽으면 가는 저곳으로, 그리고 세상의 모든 고통과 슬픔을 몰아내고 이 세상의 불공평하고 불합리한 모든 질서를 바로잡는 영원한 보상報償의 시기時期로 생각하는 경향이 아직도 강하기 때문이다.

신학생들에게 하나님의 나라 비유를 강의하면서 이 주제에 관한 더욱 전문적인 책을 써내는 것이 꼭 필요함을 느끼고 있었기 때문에 지난 몇 년간 서점에서 이 책을 구할 수 없다는 호소를 다행으로 여기고 있었다. 그럴 듯한 책으로 대체하고 싶었기 때문이다.

그런데도 이 수정판을 내는 것은 대장간을 새롭게 단장한 배용하 사장님의 충고대로 이 주제에 관하여 모든 신자들이 비교적 쉽게 읽을 수 있는 책이 필요하다고 느꼈기 때문이다.

2009년 3월 16일

하나님의 나라는
우리가 찾아가야 할 먼 미래의 나라가 아니라
하나님의 은혜로 이 세상에 시작된
현재의 그 무엇이다.

| 도움말 |

비유

비유란 언어의 한 표현방법이다. 무엇을 알려주려고 할 때 듣는 사람이 쉽게 연상할 수 있는 다른 사물 또는 다른 사실과 연결함으로써 말하는 것을 청중이 스스로 이해할 수 있도록 돕는 방법이다. 대개 상황이 달라지면 사물을 그대로 보여주거나 사실을 그대로 알려주기 어렵다. 또 청중의 경험이나 이해력이 제한되어 있거나 편협하면 사실적 표현은 오해나 곡해를 일으키기 쉽다. 이럴 때 말하는 사람은 청중의 일반적 경험과 공통된 지식 중에서 자신의 의사를 가장 잘 전달할 수 있는 것을 비유로 선택한다.

비유는 예수께서 자주 사용하신 표현양식이다. 그래서 비유는 오래전부터 예수를 이해하는 열쇠로, 예수가 가르치신 하나님의 뜻을 찾아내는 보물 창고倉庫로 알려졌다. 예수의 비유가 예수의 복음을 담고 있다는 뜻이다. 예수는 추상적인 것을 설명하고자 실제 사건을, 신적인 것을 알리고자 인간의 경험을, 천상적인 것을 드러내고자 지상의 현상을 비유로 사용하셨다. 인간의 말을 사용하셨을 뿐만 아니라 언어의 표현방법도 채용하신 것이다.

예수의 비유는 그 소박함과 친밀성 때문에 사람들에게 쉽게 전달되고 오래 간직될 수 있었다. 또 그 독특성 때문에 사람들은 이 비유란 그릇에 담긴 예수의 교훈을 깊이 음미할 수밖에 없었다.

예수의 비유는 때로는 혼란을 일으키기도 했다. 그 모호함 때문에 적지 않은 사람들이 비유를 통해 예수의 진리를 깨닫기보다는 오해와 곡해에 빠지기도 했다. 예수의 비유가 처음 사용되었던 삶의 현장과는 다른 시대의 다른 장소에서 전혀 다른 경험을 가진 사람들에게 전해졌을 때 감동은 줄어들고 의혹과 오해는 더 크게 자라났다.

전혀 다른 세상, 즉 21세기를 살아가는 현대 한국인에게는 무언가 있는 듯하지만 잘 잡히지 않고, 이해될 것 같다가도 아리송한 것이 예수의 비유이다. 그래서 어떤 사람들은 아예 비유를 포기하기도 하고 무시하기도 한다. 이런 것이 없이도 기독교 진리를 충분히 받아들이고 소화할 수 있다고 생각한다. 물론 이것은 바람직한 태도는 아니다. 기독교 진리가 예수의 비유를 통해서 나타났고 지금도 보존되고 있기 때문이다.

예수의 비유를 연구하는 목적은 이 비유에 표현된 예수의 의도를 찾는 데 있다. 비유에 나오는 모든 요소를 일일이 설명하거나 발전 가능한 모든 그림을 연속적으로 그려내는 것은 예수의 의도를 찾는 것이 아니라 예수의 비유와는 다른, 자신의 얘기를 만들어가는 것이다. 한 비유에는 많은 요소나 개념들이 사용될 수밖에 없다. 주제를 전달하려고 그 자체로는 별 가치가 없는 많은 보조

개념이 동원되는 것이다. 이 요소들이 없다면 한 장의 그림이 완성될 수 없지만 모든 요소를 같은 가치, 같은 무게로 분석해서는 안 된다. 우리는 비유에 표현된 예수의 의도, 즉 비유의 주제, 신학자들이 비유의 접촉점이라고 부르는 것에 관심을 둘 것이다. 예수의 비유가 한 장면이 아니라 연속된 그림으로 그려졌다면 긴 이야기의 핵심을 접촉점으로 살필 것이다.

천국

복음서에 포함된 예수의 가르침은 다양하다. 이 다양한 주제들은 무게 있는 한 '중심 주제'로 모이고 이 핵심과의 관련성 속에서 제각기 독특한 역할을 한다. 예수의 모든 가르침을 한 마디로 집약하거나 어떤 모양으로든지 다른 것과 연결할 수 있을 것으로 파악된 주제가 '천국'이다. '천국'이 예수의 말씀만이 아니라 그의 일, 즉 예수의 전 생애와 인격을 통합할 수 있는 주개념이라는 사실을 거부하거나 부정하는 사람은 아무도 없을 것이다.

19세기 말 개신교가 한국에 들어왔을 때 '천국'이 기독교 진리의 핵심이라는 사실도 그대로 전해졌다. 초기전도자들은 기독교 진리를 '예수를 믿으면 천당으로 가는 것'으로 이해했고 "예수-천당"이라는 도식으로 소개했다. 천국을 예수의 재림과 이에 따르는 역사의 종국으로 설명하며 드디어 그때가 되었다고 한국교회를 들뜨게 했던 시한부 종말론자들의 천국 열풍도 이 핵심과 관련된 것이다. 비록 천국에 대한 이해는 다소 달랐지만, 그때 한 명 두 명 천국을 여행하고 왔다는 소위 '특별히 경건한 신자들'이 폭증했고 그들에게 천국 여행담을 듣겠다고 몰려든 사람들이 장사진을 이룬 적이 있었다. '천국'이 한국 교회에서도 기독교 진리와 신앙의 핵심으로 작용하고 있다는 증거들이다.

예수의 사역과 말씀의 핵심이 천국, 곧 하나님의 나라이기 때문에 한국 교회에서 천국이 신앙생활의 최전면에 내세워지는 것이나 기독교 교리에서 가장 크게 드러나는 것을 잘못이라고 말할 수는 없다. 오히려 그렇게 강조하는 것이 사도적 전통이나 복음서를 바르게 따르는 것으로 분석해야 한다.

문제는 '극락', '천당'의 동의어쯤으로 생각하는 '천국'이 과연 예수께서 말씀하신 그 천국이며, 한국에서 '휴거'나 '1992년 종말론'으로 내세우는 '천국'이 과연 복음서를 관통하는 바로 그 개념인가 하는 것이다. 같거나 비슷한 단어를 사용하면서도 예수의 의도와는 전혀 다른 것에 열광할 때 신앙생활은 걷잡을 수 없이 복잡해지고 문제가 커지는 것이다.

복음서에 나오는 단어는 '하늘의 나라'(천국), 또는 '하나님의 나라'(신국)이다. 이 두 단어는 같은 것을 지시하는데 무조건 장소의 무엇, 즉 글자 그대로의 나라로 이해해서는 안 된다. 다르게 번역할 마땅한 단어가 없지만 '나라' 나, '땅' 으로 번역하는 것부터가 예수께서 말씀하신 천국을 오해하게 한다. 그 나라가 하늘 저편에 있다거나, 이 세상 끝에 나타난다거나, 언젠가 인간이 사는 이 땅에 건설될 것이라는 식으로 말하기 시작하면 우리는 이미 잘못된 길에 들어선 것이다.

예수의 천국은 일종의 추상개념이다. 다스리시는 하나님과 그의 백성을 먼저 연상해야 한다. 나라로 번역된 헬라어 '바실레이아' 나 아람어 '말쿳' 은 다스림을 받는 백성에게 미치는 하나님의 위치, 역할, 사역을 표현하는 단어이다. 하나님이 자기 백성의 왕이시라는 사실, 왕으로서의 통치, 특히 자기 백성을 보호하고 돌보시며 구원하시는 활동 등을 표현하는 용어가 바로 천국이다.

시간성이나 장소성, 즉 공간개념은 천국의 기본 요소가 아니다. 왕이신 하나님의 활동이 시간과 공간으로 이루어지는 삶의 현장을 살아가는 그의 백성에게 나타나기 때문에 시간과 장소의 범주로 표현되는 것일 뿐이다.

이런 의미에서 역사적 현장에서 하나님의 왕적 통치를 경험할 뿐만 아니라 영원한 왕적 통치를 보장받은 하나님의 백성, 교회야말로 하나님의 왕적 권한과 활동이 100% 나타나는 하나님의 나라, 곧 천국이다.

천국의 비유

예수의 비유 중에 절반가량은 천국의 비유라고 불린다. 이 비유들이 직유법 형태로 "천국은 … 과 같다"고 시작하거나 은유법 형태로 천국 개념을 설명하기 때문이다.

예수는 천국이 가까이 왔다는 선포로 사역을 시작하셨다. 그래서 복음서는 예수의 가르침을 천국의 복음으로 소개한다. 그러나 예수는 천국이 무엇을 의미하는지를 초기에는 전혀 설명하지 않으셨다. 자신의 공개적 활동이 어느 정도 진행되었을 때, 아마 초기에서 중기로 넘어갈 때쯤 비유의 형태로 천국에 대해 말씀하기 시작하셨다. 복음서에서 비유의 해석과 천국의 의미는 떼어놓을 수 없이 서로 결합하여 있는 것이다.

이런 이유로 천국이 무엇을 뜻하는지를 찾으려면 무엇보다 먼저 비유를 분석해야 한다. 이 책의 제목이 '천국은 어떻게 오는가'이면서도 복음서의 비유에 초점을 맞춘 이유이기도 하다. 즉 이 책의 목적은 비유란 표현 양식에 담긴 내용을 연구함으로써 예수께서 선포하신 천국에 대한 바른 정의를 내리려는 것이다. 천국에 관한 대부분의 말씀이 비유의 형태로 선포되었기 때문에 비유를 해석하는 것은 예수의 천국을 이해하는 열쇠가 된다.

왜 예수는 직설법으로 명확하게 말씀하시지 않고 비유의 형태로 천국을 가르치셨을까? 답을 찾는 것은 비유 자체를 연구하는 것만큼이나 중요하다. 그렇게 하셔야만 했던 이유가 있었고 그래서 비유를 동원하기 시작하셨기 때문이다. 비유란 형식과 비유로 표현된 천국은 비유를 사용해야만 하셨던 배경, 즉 비유의 이유와 서로 결합하여 있다.

비유의 이유를 찾으려면 예수의 생애와 사역을 비유와 함께 다루어야 한다. 아니, 비유를 예수님의 생애 속에서 이해하려 해야 한다. 다행히도 예수의 비유 중에는 바로 이 이유, 곧 비유로 천국을 설명하신 원인을 밝히신 비유도 있다. 우리는 이 비유를 제일 먼저 다룰 것이다.

적지 않은 사람이 예수의 비유를 멀리하거나 무시하는 것, 혹은 사랑하면서도 오해하게 되는 것은 비유에 너무 쉽게 접근하려 하기 때문이다. 비유를 격언의 하나처럼 취급하며 예수의 생애와 별 상관이 없이 다루며 특정 내용을 추출하려는 태도가 오히려 비유의 바른 이해를 방해하는 것이다. 이 특정한 내용은 예수께서 비유를 말씀하시게 된 배경을 바로 이해하게 되기까지는 결코 제대로 파악될 수 없다.

예수의 비유란 넘어가거나 포기해도 좋은 하찮은 주제가 아니다. 천국의 이해에 관한 한 비유는 아주 중요한 가치를 지닌다. 따라서 지난 세기 80년대 후반에 전국을 휩쓸고 지나간 천국 열풍이나 90년대 초에 일기 시작한 종말론 열풍과도 뗄 수 없는 관계가 있다.

예수의 비유를 충분히 설명하지 못하거나 이 비유에 잘 들어맞지 않는 어떤 해석도, 그 자체로는 멋있는 이론이 될 수 있어도, 예수께서 의도하신 천국이나 종말은 아니다. 비유를 모르고서는 천국을 이해할 수도 없고 그 천국의 일꾼이 되는 것도 불가능하다.

21세기 초에도 나사렛 예수께서 시작하게 하시고 가르치신, 그리고 지금까지 끌어가시는 그 천국과의 관련성 속에서 참된 그리스도인으로 살아가고자 우리는 이 천국의 비유에 귀를 기울여야 한다.

있는 자와 없는 자
비유를 이해하려면

제자들이 그에게 다가와서 말하였다. 왜 그들에게 비유로 말씀하십니까? 예수께서 그들에게 대답하셨다. 하늘나라의 비밀들을 아는 것이 너희에게는 주어져 있지만, 저희에게는 주어져 있지 않기 때문이다. 또, 가진 사람, 그에게는 주어져서 넘치게 되겠지만, 가지지 못한 사람은 그가 가지고 있는 것도 자기에게서 빼앗기겠기 때문이다. 그래서 그들에게 비유로 말한다. 그들은 보면서도 보지 못하고 들으면서도 듣지 못하고 깨닫지도 못하기 때문이다. 이사야의 예언이 그들에게 이루어지고 있다. 그가 말하였다. 너희가 듣기는 들어도 결코 깨닫지 못하고 보기는 보아도 결코 보지 못할 것이다. 이 백성의 마음이 무디어져서 귀로는 거의 듣지 못하며, 그들의 눈은 감아 버렸기 때문이다. 이는 그들이 눈으로는 보지 못하고 귀로는 듣지 못하고 마음으로는 깨닫지 못하여 돌아오지 못하게 하고 내가 그들을 고치지 못하게 하려는 것이다. 그러나 너희 눈은 보니까 복이 있고 너희 귀는 들으니까 복이 있다. 참으로 내가 너희에게 말하는데, 많은 선지자들과 의인들이 너희가 보고 있는 것들을 보고 싶어했지만 보지 못하였고 너희가 듣고 있는 것들을 듣고 싶어했지만 듣지 못하였기 때문이다. 〈마 13:10-17〉

어느 날 예수께서 갑자기 비유로 말씀하시자 그의 제자들이 이의異意를 제기했다. "왜 그들에게 비유로 말씀하십니까?"

예수께서 이때 말씀하신 비유는 농부가 밭으로 나가서 씨를 뿌리는 광경으로 농사에 익숙한 청중에게 어려운 것은 아니었다. 그러나 얼마 동안 예수의 권위 있는 설교를 들었고, 예수께서 수시로 병자들을 고치시고 약한 자들을 도우시며 귀신들을 쫓아내시는 광경을 보았으며, 예수를 특별한 분으로 생각하여 이 마을 저 마을에서 몰려나와 그를 따라다녔던 사람들에게는 이 평범한 이야기가 오히려 이상하게 들렸을 수 있다. 제자들도 그런 분이 농사일이나 이야기하신다고는 생각할 수 없었던 모양이다. 예수께서 그려 주시는 전원의 한 장면에는 여느 때의 설교와 다름 없이 중요한 교훈이 들어 있으리라고 예상하고 있었던 것으로 보인다. 막4:10; 눅8:9

제자들의 질문은 자신들이 아니라 다른 사람들과 관계되어 있다. 제자인 자기들은 비유를 이해하고 비유에 담긴 교훈을 발견하는데 별 어려움이 없다는 듯, "왜 그들에게 비유로 말씀하십니까?" 하고 묻는다. '그들'은 제자들과 대조되는 말로서 제자들 이외의 사람들을 지시한다. 그러니까 제자들이 이 질문을 던진 것은 예수를 잘 알지 못하는 무리마13:2,3를 위한 것이었다. 마치 '우리에게야 상관없지만 왜 저 사람들에게도 비유로 말씀하십니까?'라고 묻는 것처럼 보인다.

정말 제자들은 별 어려움 없이 이 비유를 이해할 수 있었을까? 그리고 이 비유에 담긴 천국의 비밀을 파악할 수 있었을까? 다른 질문도 가능하다. 제자라고 불리지 않은 '밖의 사람들은' 이 비유를 전혀 이해할 수 없었을까? 제자가 되기 전에는 천국의 비밀을 알아듣는 것이 불가능한 일이었을까?

　제자들의 질문에 예수는 "하늘나라의 비밀들을 아는 것이 너희에게는 주어져 있지만, 저희에게는 주어져 있지 않다."마13:11고 대답하셨다. 이 대답은 비유의 양면적 성격을 잘 드러내 준다. 하늘나라의 비밀을 아는 것은 너희라 불리는 제자들에게만 주어진 특권이었다. 그들에게 비유는 천국의 비밀을 공개하는 방법이었다. 그러나 보통사람들은 이 비밀을 아는 것이 허락되어 있지 않다. 아니, 비유는 알 듯한 것까지도 가리고 혼동을 일으키게 하는 정반대의 역할을 한다. 마가복음은 이점을 "하나님 나라의 비밀이 너희에게는 주어져 있지만, 밖에 있는 저희에게는 모든 것이 비유로 된다."막4:11고 좀 더 강렬하게 표현하고 있다. 제자들에게는 비밀을 알리는 역할을 하지만 다른 사람들에게는 같은 비밀을 감추는 역할을 하는 것이 바로 예수의 비유다.

　비유의 이 두 가지 역할, 즉 알리는 역할과 감추는 역할 중에서 더 강하게 표현된 것은 비유의 가리는 역할이다. 이 점을 우리는 예수께서 비유를 말씀하신 목적에서 읽을 수 있다. "그들이 보기는 보아도 보지 못하도록 하고, 듣기는 들어도 깨닫지 못하게 하려는 것이다. 그렇지 않으면 그들이 돌아와서 용서를 받을 것이다."막4:12 예수는 세상에 오셔서 공개적으로 가르치시고 하늘나라의 비밀을 사람들에게 알리셨다. 그러나 동시에 그는 하늘나라의 비밀을 가려서 사람들이 고침을 받지 못하게 하려고 비유로 말씀하셨다.

 예수께서 천국의 비밀을 알리고 밝히고자 비유를 사용하셨다는 사실은 하나도 이상할 것이 없다. 복음서는 사람들이 전혀 모르던 상태에서 예수를 만나서 무엇인가를 배우기 시작했다고 말하기 때문이다. 제자들도 같은 상황에서 시작하여 예수의 제자가 되었다. 그들에게 비유는 천국이 무엇인지를 더 잘 알려주는 계기가 된다. 예수의 활동이 한창 진행 중일 때 갑자기 비유를 사용하셨다는 것은 제자들에게 천국의 비밀을 분명하게 가르칠 시점이 드디어 왔음을 알려주는 것이다.

 그런데 은닉이란 단어는 이 하늘나라의 비밀, 또는 하늘나라의 비밀과 관계된 어떤 것이 사람들에게도 이미 어느 정도 공개되어 있었다는 것을 암시한다. 그렇지 않았다면 애써 감출 필요가 없기 때문이다. 물론 사람들이 이것을 때로는 어렴풋이 때로는 명확하게 알고 있었다는 뜻은 아니다. 사람들이 알지 못했거나 인정하지 않았어도 천국과 관련된 일련의 비밀이 주어져 있었고 제자들은 그것을 받아들이고 있었다. 이런 상황에서 제자들이 천국의 비밀을 배우도록 주어지는 비유는 그들이 더는 천국의 비밀에 접근하지 못하게 하는 기능을 가졌다. 제자들을 사람들에게서, 그냥 따라다니는 사람들을 제자들에게서 갈라놓으실 시점이 왔음을 알려주는 것이 예수님의 비유다.

 이 시점에 오기까지는 모든 사람이 차별 없이 예수께서 하시는 일들을 보았고 체험했으며 그의 설교를 들었다. 예수와 천국은 뗄 수 없이 결합하여 있으므로 그를 만난 사람은, 그들이 확실히 이런 사실을 몰랐다 하더라도, 누구나 천국에 접촉한 것이라고 말해도 좋을 것이다. 예수의 출현으로 시작된 천국은 모두에게 공개되어 있었다. 따라서 아픈 사람들이 예수를 만나 체험한 것을 언제라도 일어날 수 있는 단순한 병 고침으로 이해해서는 안 될 것이다. 그것은 천국이 이 세상에 시작되고 있었던 이 특별한 시기에 하나님 아들의 손을 통해 일어난 특별한 이적의 경험이었다. 귀신 들린 사람들이 감격적으로 겪었던 일들도 어디서나 일어날 수 있는 귀신 쫓는 푸닥거리가 아니었다. 그것은 만물을 주관하시는 하나님의 아들의 권위 행사였다. 이전에 많은 선지자와 의인들이 보고 싶어했지만 볼 수 없었던 것, 듣고 싶어했지만 들을 수 없었던 그런 엄청난 일들이었다.마13:17 그래서 예수는 자신의 활동을 보는 '눈' 들을, 또 자신의 설교를 듣는 '귀' 들을 복되다고 선언하셨다. 마13:16 그런 눈과 귀는 제자들만이 아니라 당시 모든 사람이 가지고 있었다. 예수의 활동이 시작된 특별한 시기에 그곳에 살던 사람은 누구나 복된 위치에서 예수를 만났던 것이다. 제자들이 남다른 초월적 능력을 갖추고 있었고 예수는 이 특별한 능력을 발휘하는 제자들의 눈과 귀를 축복하신 것으로 생각할 필요는 없다. 같은 눈, 같은 귀를 가지고 있었지만, 사람들은 전혀 다른 요소 때문에 무리로 구분되었던 것이다.

비유란 예수를 통해 이미 천국의 조각들을 체험하고 소유하고 있던 제자들에게 천국의 비밀을 분명히 알려주는 계시의 역할을 한다. 반대로 똑같은 체험을 하면서도 여전히 방관자의 자리에 머물러 있던 사람들에게는 그들이 이때껏 보고 듣고 체험했던 천국의 조각마저 애매모호하게 만들고 계속 공개되는 천국의 비밀을 감추어버리는 역할을 한다. 그들은 이제 보아도 더는 보지 못한다. 들어도 더는 듣지 못하고 깨닫지 못하게 된다. 그들은 하나님의 구속역사의 한 시점에 벌어지고 있었던 사건에 눈과 귀로 접촉하지만, 그 진정한 의미를 조금도 파악할 수 없게 만드는 것이 비유다. 제자들에게는 알리려고 사용되는 비유가 오히려 혼동을 일으키고 예수의 활동과 교훈의 의미를 놓치게 한다. 이것이 비유를 사용하는 은닉의 역할이다.

비유는 은어隱語는 아니다. 은어는 그것을 아는 사람들에게만 의미를 전달하는데 반해서 비유는 보통사람이라도 어느 정도는 알아들을 수 있다. 때에 따라서는 추측도 가능하다. 비유는 그 자체에 불명료성을 가지고 있지 않다. 그런데 비유가 어떻게 제자들에게는 계시의 역할을 다른 사람들에게는 은닉의 역할을 하는가? 비유를 알아듣게 하거나 알지 못하게 만드는 열쇠는 비유라는 표현 방식이 아니라 이 비유를 듣는 사람들의 상태이다. 즉 비유를 이해하느냐 못하느냐의 문제는 예수의 제자냐 아니냐의 문제다. 제자라는 공통분모 위에서 비유는 천국의 비밀들을 알리는 좋은 도구가 되지만 이 공통분모가 없는 사람에게는 같은 천국의 비밀들을 가리는 도구가 된다. 제자들과 다른 사람들 사이에 가로 놓여 있었던 차이점은 무엇이었을까?

마태복음 13장 13절에는 사람들의 몰이해가 비유를 말씀하신 이유로 제시되어 있다. "그래서 그들에게 비유로 말한다. 그들은 보면서도 보지 못하고 들으면서도 듣지 못하고 깨닫지도 못하기 때문이다." 비유를 말씀하시게 된 원인은 예수에게 있지 않고 예수를 따라다니던 사람들에게 있었다. 이미 그들은 들어도 듣지 못하고 보아도 보지 못하며 이해하지 못하는 사람들이었다. 이 13절에는 그들의 몰이해가 무엇에 대한 것인지 구체적으로 언급되어 있지 않다. 이 구절의 중요점은 제자 이외의 사람들이 이미 그런 사람들로 묘사되어 있다는 사실이다. 무엇에 대한 몰이해였는지는 이 단계에 이르기 전의 사람들의 상태를 제자들과 비교함으로써 찾을 수 있다.

제자로 불리는 사람들과 그렇지 않은 사람들을 비교하면서 차이점을 찾는다면 예수에 대한 믿음을 제시할 수 있다. 제자란 예수를 하나님의 아들로, 이스라엘을 구원하러 오신 메시아로 믿는 사람들이었다. 처음에는 그들도 이러한 사실을 모르는 채 예수의 부름을 받거나 예수를 따라다녔다. 처음에는 무리와 똑같았다. 그러나 예수께서 하시는 일들, 하시는 말씀을 받아들이며 그들은 예수를 믿는 사람들이 되었고 그들 중 열두 명은 사도로 임명되었다. 이들은 예수께서 무슨 말씀을 하시더라도 다 받아들일 수 있는 준비가 되어 있는 사람들이었다. 천국은 예수와 뗄 수 없는 관계에 있고 예수를 떠나서는 천국이 없어서 비유로 표현된 천국의 비밀을 제자들은 어렵지 않게 이해할 수 있었다. 천국의 비밀은 곧 예수와 관계된 비밀이다. 예수의 천국 비유를 이해할 수 있는 공통분모는 보고 듣는 것이 아니라 보고 듣는 사람들이 가진, 예수를 향한 믿음이다. 이런 이유로 예수를 따라다니며 같은 것을 보고 같은 것을 들으면서도 예수를 인정하지도 않고 믿을 수도 없었던 사람들은 천국의 비밀은커녕 천국에 관한 것은 어느 것이나 받아들일 수 없었다. 예수의 활동과 말씀은 보고 들으면서도 예수를 믿지 않았던 것이 제자 이외의 사람들이 가지고 있었던 몰이해였다.

마태복음 13장 12절에 이 점이 다소 모호하지만 이렇게 설명되어 있다. "가진 사람, 그에게는 주어져서 넘치게 되겠지만, 가지지 못한 사람은 그가 가진 것도 자기에게서 빼앗기겠기 때문이다." 문맥에 비추어 볼 때 '넘치게 된다'는 말씀은 '천국의 비밀을 알게 되는 것'을 지시한다. 제자들은 '가진 자들'이다. 예수를 향한 믿음을 가지고 있던 제자들에게는 예수의 비유를 통해 천국의 비밀이 주어지고 넘치게 될 것이다. 그러나 이와 대조되는 사람들, 곧 '가지지 못한 사람들'은 예수의 비유를 전혀 이해할 수 없을 뿐만 아니라 이때까지 예수에게서 보고 들었던 것들까지도 빼앗기고 말 것이다. 제자들과는 달리 그들이 가지고 있지 않던 것은 예수를 향한 믿음뿐이다. 예수의 비유는 믿지 않는 사람들에게 천국의 비밀을 감추는 역할을 한다. 예수와 관련된 천국의 비밀을 이해할 수 있는 근거, 같은 비유를 들으면서도 비유를 쉽게 이해할 수 있는 공통분모가 없었기 때문이다. 그들은 바로 그 믿음에 이르게 하려고 제시된 예수의 활동을 보았고 그의 설교를 들었고 그에게서 신비한 능력을 체험하였지만, 다른 말로 바꾸면, 실제로 천국의 흔적을 이미 가지고 있었지만, 이제는 그런 흔적마저도 쓸모없는 것이 될 것이다.

물론 당시의 제자와 무리를 구별하는 더 많은 개념을 생각해 볼 수 있다. 실제로 적지 않은 사람들이 이 구절들을 설명하고자 조직신학으로부터 중생, 영적 지식, 성령의 감화 등의 전문술어를 빌려오기도 한다. 그러나 복음서를 통해 볼 때 무리에게서 제자들을 구별해낼 수 있는 자격요건은 아무래도 '예수를 향한 믿음' 뿐이다. 지금 그들을 향해 말씀하시는 분이 누구인지 알고 그를 의존하는 사람들에게 비유는 하나도 어려운 것이 아니다. 그들에게는 비유가 천국의 비밀을 명백히 계시하는 역할을 한다. 천국은 곧 그들이 믿고 따르는 예수와 결부되어 있기 때문이다. 그러므로 비유를 이해하는 열쇠는 예수를 믿음에 있다. 지금 그들을 향해 말씀하고 계신 분이 누구인지 알지도 못하며 그를 향한 명확한 태도 결정하지 못한 사람들에게 비유는 도무지 이해하지 못할 것으로 나타난다. 그 모든 비유가 그들에게 말씀하시는 예수와 관계된 것인데도 그들은 예수와 그의 인격에 대한 정당한 평가를 거부하기 때문이다. 비유를 이해하지 못하고 오히려 더 혼란을 일으키게 되는 것은, 한 걸음 더 나아가 그들이 특별한 시대에 살았으면서도 눈으로 보고 귀로 들었던 것까지 잃어버리게 되는 것은, 예수에 대한 그들의 불신 때문이다.

우리는 지금도 같은 어조로 말할 수 있다. 예수의 비유를 읽으며 아무 감화도 받지 못하고 아무런 천국의 비밀도 깨닫지 못하는 것은 우리에게 예수를 향한 믿음이 없기 때문이다. 반대로 그를 향한 뜨거운 마음과 확고한 신뢰를 가지고 있을 때 우리는 이 비유들을 통해 천국의 비밀들을 경험할 수 있다. 비유를 이해하느냐 못하느냐의 열쇠는 이 비유를 읽는 우리의 믿음에 있고, 이 믿음이 지향하는 예수에게 있다. 그분이 누구인가를 아는 것, 그러한 예수를 믿으며 그의 음성을 듣는 것이 비유를 이해하는 길이다.

이 책은 어떤 면으로나 일단 예수와 접촉했던, 혹은 지금 접하고 있는 사람들이 읽을 만한 책이다. 그분의 말씀에 매력을 느끼고, 그의 교훈을 들어보았거나 읽어본 적이 있는 사람이라면 더 좋은 독자가 되리라 기대한다. 예수에게 지속적인 관심을 두고 교회를 드나들었거나, 기독교 단체에 속해 있거나, 아니면 더 적극적으로 그 일원이 되어 활동하고 있는 사람들도 좋다. 아니, 오랫동안 교회의 한 구성원으로 예배와 봉사와 모든 교회 활동에 적극적으로 참여하는 사람이라도 그들이 오래 예수와 그의 교훈에 낯익은 사람이란 점에서 기꺼이 이 책의 독자로 초대하고 싶다.

예수의 비유는 우리 모두에게 무엇인가를 말해줄 것이다. 또 말해줄 것을 기대한다. 예수의 비유를 정말 바로 이해하려 한다면, 우선 자신의 믿음을 점검하는 것이 필요하다. 있는 자, 즉 예수를 자기 주님으로 믿고 의지하는 사람에게만 천국의 비밀을 아는 것이 주어졌기 때문이다. 이 믿음이 없이는 아무도 천국의 비밀에 도달할 수 없다고 예수께서 직접 경고하셨다. 비유에 담긴 천국의 비밀은 믿음을 가지고 접근하는 모두의 삶을 그 풍부한 내용으로 가득 채워줄 것이다.

그리스도를 향한 믿음이 있어야 한다. 이것이 비유의 문을 여는 길이다. 그리고 비유에 담겨 표현된 천국의 비밀을 이해하는 지름길이다. 나사렛 예수와 아직 어떤 모양으로도 접촉한 적이 없는 사람은 일단 비유를 떠나 이 비유를 가르치신 그 '나사렛 예수가 누구인가?' 라고 질문하기 시작해야 할 것이다.

씨 뿌리는 자

예수께서 그들에게 많은 것을 비유로 말씀하셨다. 보아라, 씨 뿌리는 사람이 씨를 뿌리러 나갔다. 그가 씨를 뿌릴 때 어떤 것들은 길가에 떨어졌는데 새들이 와서 그것들을 삼켜 버렸다. 다른 것들은 흙이 많지 않은 돌밭에 떨어졌는데 흙이 깊지 않아서 곧 싹이 텄지만 해가 돋자 시들고 뿌리가 없어서 말라죽었다. 다른 것들은 가시덤불에 떨어졌는데 가시덤불이 자라서 그것들의 성장을 막았다. 다른 것들은 좋은 땅에 떨어져서 열매를 맺었는데 어떤 것은 백 배, 어떤 것은 육십 배, 어떤 것은 삼십 배가 되었다. 귀 있는 사람은 들어라. 〈마 13:3~8〉

그러므로 너희는 씨 뿌리는 사람의 비유를 들어라. 누구나 그 나라의 말씀을 듣고 깨닫지 못하면 악한 자가 와서 그의 마음에 뿌려진 것을 앗아가 버린다. 이런 사람이 길가에 씨가 뿌려진 사람이다. 돌밭에 씨가 뿌려진 사람이란 이런 사람, 곧 말씀을 들으면서 기쁨으로 얼른 그것을 받는 사람이다. 그러나 그는 자기 안에 뿌리가 없어서 잠시 그러다가 말씀 때문에 어려움이나 박해가 일어나면 곧바로 넘어져 버린다. 가시덤불에 씨가 뿌려진 사람이란 이런 사람, 곧 말씀을 듣지만, 세상살이 걱정과 재물의 유혹이 말씀을 막아서 열매를 맺지 못하게 되는 사람이다. 좋은 땅에 씨가 뿌려진 사람이란 이런 사람, 곧 말씀을 들으면서 이해하는 사람이다. 그는 정말로 열매를 맺는데 어떤 씨는 백 배, 어떤 씨는 육십 배, 어떤 씨는 삼십 배를 맺는다. 〈마 13:18~23〉

이 비유는 예수께서 말씀하신 비유 중에서 가장 널리 알려진 비유이다. 그러나 그 해석에는 아직도 통일된 의견이 제시되지 않는 가장 어려운 비유이기도 하다. 비유의 제목을 무엇으로 할 것이냐에 대한 의견도 여러 가지다. 즉 이 비유가 '씨'의 비유인지, '씨 뿌리는 자'의 비유인지, 아니면 씨가 떨어지는 '밭'의 비유인지에 관하여 토론이 계속되고 있다.

이 비유의 해석은 씨, 씨 뿌리는 자, 그리고 밭, 이 세 가지 요소 중 어디에 초점을 맞추느냐에 따라 달라진다. 만약 씨의 비유로 보면 '천국의 말씀'이 서로 다른 결과를 가져온다는 것이 비유의 핵심이 된다. 만약 씨뿌리는 자의 비유라면 '천국의 말씀'을 전하는 예수의 활동이 다른 결과를 낳는다고 해석해야 한다. 이 비유가 밭의 비유라면 이 비유는 사람들의 마음 상태가 천국의 말씀이 다른 결과에 도달하도록 한다고 해석해야 한다. 결국은 서로 관련되어 있고 같은 얘기를 하겠지만, 강조점이 달라지는 것이다. 우리는 이 비유를 씨뿌리는 자의 비유로 다룰 것이다.

씨뿌리는 자 비유는 그 당시 흔히 볼 수 있었던 농사짓는 광경을 묘사한 것이다. 농부가 밭에 나가서 씨를 뿌리는데 씨가 여기저기 떨어지고 다른 결말에 도달한다는 내용이다. 농부가 뿌렸다는 씨는 밀이나 보리로 보인다.

이런 농사법은 오늘날 우리가 한국에서 볼 수 있는 광경과는 전혀 다르다. 우리는 먼저 밭을 일구고 돌을 골라내고 흙을 고른 다음에 골을 파서 씨를 뿌리고 흙을 덮어준다. 농부는 귀중한 씨를 결코 아무 데나 뿌리지 않는다. 길에 떨어지는 씨도 없고 돌밭에 떨어지는 씨도 없다. 가시덤불 사이에 떨어지는 낭비되는 씨도 없다. 옥토로 가득한 우리나라를 기준으로 삼으면 비유에 등장하는 농부는 서투르기 짝이 없는 농부다.

이천여 년 전 이스라엘에는 농사지을 만한 땅은 주로 갈릴리 지방에 있었다. 밭이라고 해도 한국의 황무지나 마찬가지인 척박한 땅이었다. 농부는 그런 땅에 먼저 씨를 뿌리고 그다음에 밭을 일구며 적당하게 사람이 다닐 길을 남겨 놓는다. 뿌려진 씨는 결과적으로 길가에, 돌밭에, 가시덤불에 떨어질 수도 있고 혹은 좋은 땅에 뿌려질 수도 있었다고 한다. 현대 우리나라의 환경에서는 볼 수 없는 생소한 광경이지만 비유의 내용을 파악하기는 별로 어렵지 않다.

어떤 씨는 길가에 떨어졌다. 흙이 단단하여서 뿌리를 내릴 수 없다. 아니, 싹이 트기도 전에 새들이 와서 쪼아 먹어버린다. 어떤 씨는 돌밭에 떨어졌다. 뿌리는 쉽게 나올 수 있었으나 흙이 얇아서 자라지 못하고 해가 돋을 때 말라죽고 만다. 어떤 씨는 가시덤불 사이에 떨어졌다. 싹이 나고 자라지만 생명력이 강한 가시덤불이 토양에서 필요한 양분을 모두 흡수하는 바람에 결국 결실하지 못한다. 좋은 밭에 떨어진 씨도 있었는데 그 씨는 자라서 잎사귀가 나오고 꽃을 피우고 열매를 맺게 된다.

이런 얘기는 농부라면 다 알고 있었을 것이다. 농사를 직접 짓지 않는 사람이라도 비유의 내용을 추측하거나 이해하기에 조금도 어렵지 않다. 하지만, 천국의 복음을 선포하시고 회개하라고 외치시며 사람들을 하나님에게 돌아오라고 하시던 그 예수께서 왜 갑자기 이런 엉뚱한 비유를 하셨을까?

답을 찾자면, 앞에서 잠시 다룬 바 있지만, 예수께서 활동하시던 그때를 특별한 시기로 규정할 필요가 있다. 그때는 예수의 사역을 통하여 천국의 말씀이 모든 사람에게 직접 그리고 명백하게 제시되던 시기였다. 모든 사람이 예수를 만나고 그의 활동을 볼 수 있었다. 예수께 모여서 귀를 기울이기만 하면 누구나 그의 설교를 육성으로 들을 수 있었다. 교회도 기독교도 탄생하기 전, 예수께서 살아 움직이시던 시기다. 후에 기독교인들은 예수를 하나님의 아들, 인류를 구원하러 오신 그리스도로 믿었으니까 이 시기는 그 하나님의 아들이 우리처럼 땅을 밟고 같은 공기를 들여 마시던 '거룩한 과거'였다. 원하는 사람들은 누구나 바로 그 예수를 보고 그에게서 배울 수 있었다는 것이 이 시기의 가장 큰 특징이다.

이 비유를 해석하는 열쇠는 예수에게 있다. 한 평범한 농부의 일상생활에서 벌어지는 얘기 속에 자신을 그 주인공으로 등장시키신 것이다. 이때까지 자신이 해 오셨던 일을 설명하고 그 결과를 설명하려고 채택하신 것이 이 씨 뿌리는 자 비유이다. 그렇게 이 비유를 해석해 보자.

예수는 천국이 가까이 와 있음을 선포하시며 공개적으로 활동하기 시작하셨다. 그가 하신 모든 말씀이 천국의 말씀마13:18인 것이다. 이 말씀들은 예수의 활동과 서로 떼어 놓을 수 없으므로 예수께서 하신 모든 활동, 곧 약한 자들을 돕고 병자들을 고치고 귀신들을 쫓아내신 일들 모두가 예수께서 뿌리신 씨, 곧 천국의 말씀이라고 할 수 있다. 비유를 사용하시기 전까지는 이 모든 일들이 사람들에게 공개되어 있었다. 그래서 특별히 제자로 부름을 받은 사람들만이 아니라 모든 무리가 천국의 말씀을 전하는 예수를 만났다. 그러나 예수와 그 활동을 보고 그의 말씀을 들은 사람이 모두 예수의 제자나 예수를 믿는 사람이 되지는 않았다.

예수께서 비유를 말씀하기 시작한 이 날, 주변에 모여든 사람 중에는 여러 종류의 사람이 섞여 있었다. 그중에는 예수의 제자들이 있었다. 예수께서 사도로 세우신 열두 명과 이름이 기록되지 않은 많은 제자들이었다. 그들은 예수를 하나님의 아들로 믿고 따르며 그에게 모든 것을 맡기고 있었다. 제자들은 아니었지만, 예수께 호감을 가지고 따라다니는 사람들도 있었다. 그들은 예수의 말씀에 흥미를 느끼거나, 그를 통해 일어나는 이적, 귀신들을 쫓아내고 병자들을 고치시고 먹을 것이 없을 때 먹을 것을 주시는 것에 호기심을 가지고 예수를 계속 따라다니는 사람들이었다. 정반대로 예수에게 적대감을 가지고 모인 사람들도 있었다. 그들은 예수의 말과 행동에서 단서를 잡아 그를 궁지에 몰아넣고 예수의 활동을 중지시키려고 하였다. 물론 예수 주변에는 늘 새로운 청중들도 모여들었다.

예수의 초기 활동이 어떻게 이런 다양한 결과로 나타났는가? 제자들이 권위와 능력을 갖추신 하나님의 아들로 믿는 예수의 활동이 항상 긍정적 열매, 즉 예수를 믿음으로 나타나지 않는 이유는 무엇인가? 예수가 천국의 말씀을 선포하는데 왜 사람들에게 다른 결과가 나타났는가? 복음서를 읽는 우리에게만이 아니라 예수를 믿고 따랐던 제자들이나 당시 믿지 않던 모든 사람들에게 충분히 떠오를 수 있는 질문이다.

예수는 바로 이 점을 설명하시고자 씨뿌리는 자 비유를 말씀하셨다. 이런 다른 결과는 예수가 다른 씨를 뿌렸거나 다른 의도, 다른 능력으로 활동하셨기 때문이 아니다. 예수는 같은 천국의 말씀을 선포하셨고 같은 활동을 하셨지만, 그의 말씀을 듣고 그의 활동을 보는 사람들의 태도가 달라서 다른 결과로 나타난 것이다. 그 원인은 씨로 비유된 천국의 말씀에 내재해 있거나 사람들을 대하신 예수의 태도에서 비롯된 것이 아니다. 오랫동안 예수는 같은 말씀을 전하셨다. 사람들을 똑같은 태도로 대하셨다. 예수에게서 시작된 천국의 문은 누구에게나 열려 있었고 누구나 예수에게 접근할 수 있었다.

어떤 사람은 예수의 말씀을 듣고 예수의 행적을 보면서도 그것이 무엇인지 전혀 이해하지 못하고 그냥 보고 들었다. 그들이 만난 예수는 그들과는 아무 상관이 없는 사람이었다. 예수는 이런 사람들을 길가에 뿌려진 씨에 비유하셨다. 그들은 천국의 말씀을 듣기는 했지만, 예수를 만났고 그의 설교를 들었고 그가 행하시는 능력 있는 일들을 보았지만 그런 일이 없었던 것과 마찬가지였다. 예수는 사탄이 와서 천국의 말씀을 빼앗아 갔다고 설명하셨다. 천국의 말씀은 그 사람과는 아무 관계도 없는 것이 되어 버렸다.

예수의 가르침을 처음에는 기쁨으로 받아들인 사람들이 있었다. 그것은 어디에서도 들어본 적이 없는 놀라운 말씀이었다. 그러나 천국의 말씀은 기쁨을 주기도 하지만 때로는 그 말씀이 화근이 되어 어려움이나 박해가 일어나기도 한다. 예수의 교훈을 기쁨으로 받고 그의 제자가 되고 제자답게 살아가려는 것 때문에 비난과 구박과 모욕을 당할 수도 있다. 이런 일들은 바람직하지는 않지만, 고무적일 수도 있다. 예수로 말미암아 시작된 천국은 그만큼 이 세상과는 이질적이기 때문이다. 이럴 때 어려움을 피하려 하거나 박해를 견뎌내지 못하여 천국의 말씀을 포기한다면, 예수와는 아무 상관이 없는 듯이 행동하고, 그의 말씀을 듣지도 않은 것처럼 한다면, 그는 열매는커녕 아직 제대로 성장하지도 못한 사람이다. 그는 마치 돌밭에 떨어진 씨처럼 곧 싹이 나지만 결국 뿌리를 내리지 못하고 말라죽고 만다. 결말은 길가에 떨어진 씨와 크게 다르지 않다. 예수는 처음에 자신을 열정적으로 따랐으면서도 이 때문에 발생하는 어려움과 구박, 박해에 굴복한 사람들을 길가에 떨어진 씨로 비유하셨다.

고통을 가져오는 어려움이나 박해만이 아니라 세상살이 걱정과 재물의 유혹도 천국을 방해하는 요소들이다. 어떤 사람은 박해와 어려움을 극복하면서도 이 세상의 유혹과 삶의 염려에 굴복해 버린다. 물질의 유혹이 너무 크고 삶의 걱정이 너무 진하여 예수를 따르기를 포기하고 다시 세상으로 돌아간 사람들이다. 이들의 마음을 사로잡은 것은 예수나 예수가 전한 천국의 말씀이 아니라 물질과 이 세상이다. 이런 사람들은 예수의 말씀에 놀라고 그대로 살아가야 한다고 생각은 하면서도 예수가 하신 말씀의 진정한 가치를 끝내 찾지 못한다. 예수는 이런 사람들을 가시떨기에 떨어진 씨에 비유하셨다. 싹이 나고 자라서 꽃을 피울 수는 있으나, 끝내 열매를 맺지는 못한다. 천국의 말씀은 그것을 받은 사람이 아무것도 하지 않더라도 자동으로 자라고 꽃피고 열매 맺는 그런 것이 결코 아니다. 그것은 어려움이나 박해만이 아니라 달콤한 유혹의 손길과 온갖 염려도 뿌리칠 수 있어야 한다. 예수의 제자가 된다는 것은 값진 희생을 요구한다. 예수를 믿는다면 꼭 그렇게 해야 한다. 누구나 그렇게 할 수밖에 없다.

 예수께서 긍정적으로 평가하신 사람들도 있었다. 이들은 다른 사람들처럼 예수의 말씀을 듣고 그의 행적을 보고 그의 신적 능력을 체험한 사람들이다. 예수는 이들을 '듣고 이해하는 사람들', 그래서 '열매를 맺는' 사람들이라고 부르셨다.마13:23 이 사람들은 과연 어떤 사람들인가? 이들을 규명하고자 네 번째 '좋은 밭에 뿌려진 씨'와 첫 번째 '길가에 뿌려진 씨'를 비교할 필요가 있다. 길가에 뿌려진 씨는 '듣고 깨닫지 못한' 사람들이다.마13:19 반면 좋은 땅에 뿌려진 씨는 '듣고 깨닫는' 사람들이다. 첫 번째와 네 번째의 차이점은 '깨달음'과 '깨닫지 못함' 뿐이다. 논리적으로 긍정과 부정 사이에는 아무 중간 단계가 있을 수 없다. 그러나 비유에는 돌밭에 뿌려진 씨와 가시떨기에 뿌려진 씨가 나온다. 이런 배열 방식은 진정한 깨달음이란 정신적 이해력이 아니라 예수의 말씀 때문에 일어나는 어려움이나 박해를 견디며 세상의 염려와 물질의 유혹을 극복하는 것을 뜻함을 알려준다. 예수는 씨 뿌리는 자 비유에서 자신의 활동이 다양한 결과를 만들어내는 이유를 설명하시면서 동시에 진정한 믿음이 어떤 것인가를 알려주셨다. 이런 사람들이야말로 천국의 열매를 맺는 사람들이다.

예수의 비유는 당시 예수께서 처하셨던 역사적 상황을 반영하고 있다. 따라서 우리는 이 씨 뿌리는 자 비유를 예수의 사역과 함께 해석해야 한다. 그렇게 할 때 좋은 밭에 뿌려진 씨가 무엇을 뜻하는지를 보다 분명하게 알 수 있다.

예수께서 갈릴리 지방에서 천국을 선포하시고 병자들을 고치기 시작하신 이후 수많은 사람이 예수를 만났다. 당시 예루살렘에 살던 사람들은 그 주변 지역을 포함하여 약 오만 명 정도였다. 이스라엘 전 지역에는 약 칠십만 명의 주민이 거주했다. 율법에 따라 예루살렘 성전을 주기적으로 방문했던 순례자들을 합하면 예수를 만났을 가능성이 있는 사람들은 상당히 많다. 당시의 어떤 유대 문서에는 유월절에만 약 이백만 명의 유대인들이 예루살렘을 찾았다는 과장된 기록도 있다. 이 많은 사람 중에서 적지 않은 사람들이 예수를 만났고, 그의 설교를 육성으로 들었고, 그의 이적들을 보았다. 그러나 예수의 제자는 그렇게 많지 않았다. 기껏해야 열두 명, 백이십여 명행1:15 정도였다. 바울이 고린도전서 15장에서 말하는 대로 예수의 부활을 목격했다는 오백 명의 '형제들'을 모두 예수의 제자로 인정한다 해도 예수를 만났을 유대인 전체와 비교할 때 이것은 아주 미미한 수에 불과하다.

예수를 실제로 만났던 그 많은 사람 가운데 극소수의 사람들만이 예수를 믿었다. 소수 사람만이 예수가 하나님의 아들이시라고 고백했다. '적은 무리' 눅12:32만이 예수의 입을 통해 나오는 음성이 천국의 복음임을 알았다. 반대로 대부분의 사람은 그 역사적 순간에 같은 지구에 살고 있으면서도 마치 길가에 떨어진 씨가 참새부리에 물려가듯 그렇게 덧없이 예수의 말씀을 빼앗겨 버렸다. 예수의 목소리는 그들의 귓전에 닿았다가 허공으로 날아가 버리고 그들의 마음에는 아무 흔적도 남기지 못했다. 예수의 모습은 그들의 망막에 잠시 비쳤다가 이내 어둠 속으로 사라져 버렸다. 그리고 그들의 뇌에는 아무것도 새겨지지 않았다. 제자들에게는, 그리고 더욱 우리에게는 천금과 같은 예수의 한 마디 한 마디 말씀이, 꿈결과 같은 한 동작 한 동작이 유대인 대부분에게는 하잘 것없는 그런 것이었다.

기독교 분위기에 익숙한 우리는 예수께서 활동하셨던 그때는 정말 굉장했으리라 생각하는 경향이 있다. 예수를 만나는 사람마다 열광하고 세상은 예수 열풍으로 가득했을 것이라고 착각한다.

마치 그를 보고 그의 설교를 들은 모든 사람이 예수에게 굴복하고 기독교인이 되었으리라고 상상하는 것이다. 곳곳에서 예수의 이름으로 세상을 떠들썩하게 하는 이름난 부흥사와 카리스마적 설교자들을 만날 때 이런 광경을 상상하게 되는 것은 무리가 아니다. 예수를 전하는 한 인간이 이렇듯 사람들의 환호를 받고 추종자들에게 열광적 칭송을 받는다면 정작 예수 자신은 얼마나 더 굉장했을까? 이렇게 생각하는 것이다. 그래서 우리 기독교인들의 뇌리에는 천군만마를 호령하듯 앞서가시는 영웅 예수의 모습이 새겨진다. 앞서거니 뒤서거니 예루살렘을 향해 진군했을 그 행렬을 생각하면 온몸에 전율이 오른다. 나라를 빛낸 영웅들이 공항에서 서울로 들어오는 환영 행진보다 더 웅장했을 성싶다. 이런 감상에서 만들어지는 결론은 대략 다음과 같다. 우리 시대의 누구라도 복음서가 전하는 그 현장에 있었더라면 예수 앞에 무릎을 꿇고 믿게 되지 않을 수가 없었을 것이다.

그러나 이 모든 것은 우리의 착각에 지나지 않는다. 우리는 예수가 예고하신 미래의 종말을 예상하면서 이천여 년 전 나사렛 예수를 그 연장 선상에 올려놓고 같은 영광스러운 모습으로 미리 그려보지만, 이것은 순진한 우리의 환상에 지나지 않는다는 말이다. 실제로는 그렇지 않았다. 그의 예루살렘 입성은 화려하지도 굉장하지도 않았다. 오히려 초라하고 우습기까지 했다. 갈릴리 시골뜨기들이 광야의 흙먼지로 뒤범벅된 채 때 묻은 옷을 벗어 깔기도 하고 휘두르기도 하고, 혹은 종려나무 가지를 잘라 먼지 자욱한 주변의 공기를 휘저으며 외치는 그런 광경이었다. 그 중앙에 나귀 새끼를 타고 예루살렘으로 들어가는 초라한 나그네의 모습. 나사렛에서 온 예수란 사내. 그것이 예수의 예루살렘 행차였다. 그를 하나님의 아들, 그들을 구원하러 오신 메시아라고 믿고 따르고 외치는 사람들이 있기는 했지만, 로마의 원형경기장이나 축구 스타디움의 함성과 흥분에 비하면 그 열기는 차라리 싸늘했다. 이러한 그에게 사실은 모두가 무관심했다. 더러는 호기심을 가지고 그에게 접근해 왔으나 이내 실망하고 엉덩이에 묻은 먼지를 툭툭 털며 떠나가 버렸다. 날리는 먼지와 함께 그들이 보았던 것도 들었던 것도, 그리고 그 잔상과 잔음殘音도 모두 팽개치고 갔다. 열두 명, 백이십 명 외에는 예수에게 별 볼일이 없었다.

   씨뿌리는 자의 비유에서 우리는 차가운 현실을 보고 비애에 잠기신 예수의 모습을 발견한다. "귀 있는 사람은 들어라."마13:9 "씨를 뿌리는 사람이 나가서 씨를 뿌리는데 더러는 길가에 더러는 돌밭에 더러는 가시덤불에 떨어졌다." 어떤 농부가 자기가 뿌린 씨가 쓸모없이 되기를 바라는가! 그러나 뿌리도 싹도 나지 못하고 새부리에 물려가고 마는 "천국의 말씀". 예수는 그것을 보고 계셨다. 사람들에게 생명을 주지 못하고 끝내 말라죽고 마는 "생명의 말씀". 예수가 느끼신 아픔이었다. 껍데기만 요란하고 냄새만 피우다가 열매 없이 사라지는 '천국의 비밀'을 보시면서 그 천국의 왕은 자신의 외침이 사람들의 메마른 마음에 부딪혀 허공을 맴돌다 사라지는 고독한 것임을 알고 계셨다.

그렇다고 예수는 자신의 기준을 낮추고 아무나 끌어들이지는 않으셨다. 천국은 천국 나름의 선이 있다. 하나님의 하한선이 있다. 예수의 비애는 바로 이 더 낮출 수 없는 하나님의 요구에서 비롯된 것이었다.

예수는 자신이 만나신 그 많은 사람 중에서 누가 천국에 적합한가를 알려주시고자 이 씨 뿌리는 자의 비유를 고안하셨다. 이 기준에 의해 선택된 사람이 열두 명, 백이십 명, 혹 오백 명이었다. 제자들을 불러 모으시고 교육하시는 과정에서 이 비유를 말씀하셨음을 고려하면 예수는 자신을 무작정 따라다니는 사람들 가운데서 쓸 만한 사람들을 택하여 천국에 적합한 제자들을 만드시고자 이 비유를 말씀하셨다고 할 수 있다. 따라서 씨 뿌리는 자의 비유는 예수께서 만족할 만한 열매를 맺으려면 어떻게 해야 하는가를 밝혀주는 비유이기도 하다.

우리는 어떤가? 우리는 더 나은 시대에 살고 있는가? 사람들은 예수에게 조금은 부드러워졌는가? 모두가 그에게 호감을 느끼고 다가와 무릎을 꿇고 그의 발에 입맞추고 돌아가는가? 그리스도인들은 좀 낫다고 할 수 있을까? 솔직하게 찾은 대답은 이천 년 전이나 지금이나 큰 차이가 없다는 것이다. 오늘날도 대부분의 사람이 예수에게 왔다가 겉만 보고 멀어져 간다. 전도자들이 외쳐도 귀담아듣는 사람은 별로 없다. 우리는 목회자나 전도자를 통하여, 때로는 성경을 통하여 예수의 말씀을 듣는다. 우리는 늘 예수 앞에 서 있다. 그러나 교회 안에 있는 수천, 수만의 사람들이 예수를 보고 듣고 만지면서도 열매 없는 사람으로 남아 있다. 주일마다 예배를 드리고 온갖 집회에 참석하여 천국의 말씀을 듣지만, 생명의 씨는 쉽게 발아하여 기쁨과 생명과 평안을 주지 못한다. 길가에 떨어진 씨앗처럼 뿌려진 천국의 말씀을 빼앗아가는 자가 있다. 돌밭이나 가시덤불에 떨어진 씨앗처럼 천국의 비밀을 끝내 깨닫지 못하고 결별할 수도 있다. 예수가 지금 우리 시대에 이 비유를 선포하신다면 어쩌면 그때나 다름없는 비애에 젖으실는지도 모른다. 자신을 스치고 지나가는 수만, 수억의 무리를 그때나 다름없는 시선으로 측은히 쳐다보시지 않을까?

앞에서 다룬 대로, 믿음이 있어야 한다. 아니 예수를 믿고 따라야 한다. 그래야, 비로소 씨 뿌리는 자의 비유를 음미할 자격이 생긴다. 왜냐하면, 예수를 믿지 않는 사람은 그의 가르침을 들으려고 하지도 않기 때문이다. 들어도 비유를 이해할 수 있는 공통분모가 없다. 예수의 교훈과 활동을 권위 있는 것으로 수용할 준비가 되어 있지 않기 때문이다.

씨 뿌리는 자 비유의 핵심은 네 단계 중 가운데 두 가지, 즉 돌밭에 떨어진 씨와 가시덤불에 떨어진 씨에 비유된 사람들에게 있다는 것을 앞에서 밝힌 바 있다. 이 두 가지는 '깨닫지 못함'이 무엇이고 '깨달음'이 무엇인지를 설명하는 역할을 한다. 즉 천국 말씀을 받기는 받지만, 환란과 핍박을 극복하지 못하거나 세상의 염려와 유혹을 이기지 못하는 것은 '듣고 이해하지 못하는 것'이다.

반대로 천국의 말씀을 이해한다는 것은 그 말씀을 기쁨으로 받을 뿐만 아니라 그로 말미암아 일어나는 모든 부정적 환경을 극복하고 그것을 보존하며 실제로 지키는 것이다.

  길가에 뿌려진 씨를 믿지 않는 사람들에 대해 경고라 할 수 있다면 돌밭과 가시덤불에 뿌려진 씨는 예수와 그의 말씀에 어느 정도 호감을 느끼는 사람들에게 주는 경고라고 할 수 있다. 이 모양 저 모양으로 기독교 공동체와 관계를 맺는 사람 혹은 교회에 찾아와서 설교를 듣고 신앙생활을 한다고 하는 사람들일 것이다. 그리스도인과 어떤 관계를 맺고 자주 교제하며 이러한 교제를 통해 살아계신 예수와 자신도 관계가 있다고 생각하는 사람들, 즉 스스로 하나님의 자녀라고 생각하는 사람들에게 주시는 경고이다. 예수께서 인정하시는 것은 네 번째 경우뿐이다.

  이제 결론을 내려보자. 예수의 말씀을 듣고 그의 행적을 보고 체험했다면, 예수를 주님으로 믿고 따르며 그의 말씀을 받아들인 사람이라면, 그것이 돌밭이나 가시덤불에 떨어진 씨처럼 되지 않고 좋은 밭에 떨어진 씨처럼 환난과 핍박을 견디어내고, 세상의 염려와 유혹을 이기고 주님께서 말씀하신 대로 각자의 삶에서 삼십 배, 육십 배, 백 배의 결실을 보아야만 한다.

  그렇지 않다면 천국의 말씀은 길가에 떨어진 씨처럼 사탄이 앗아가 버린 것과 똑같은 결과에 도달하고 만다. 예수를 만났고 그에게서 무엇을 배웠다거나 그의 교훈을 낱낱이 기억하고 있다는 것이 아무 유익을 가져다주지는 못한다.

　예수는 이 비유를 일련의 천국 비유들의 서론으로 말씀하셨다. 예수는 자신을 따르는 사람들이 이제부터 선포되는 '천국 말씀' 혹은 '천국의 비밀'을 있는 그대로, 즉 예수께서 가르치시는 대로 받아들이게 하려고 이 비유를 하신 것이다. 따라서 이 씨 뿌리는 자의 비유는 뒤따라 나오는 천국의 비유들과 결합할 때 그 의미가 살아난다. 예수는 먼저 비유를 이해할 수 있는 비결을 알려주셔서 비유란 형태로 주어지는 천국의 비밀이 우리에게 충분한 결실을 가져올 수 있게 하셨다.

알곡과 독보리

예수께서 다른 비유를 들어서 그들에게 말씀하셨다. 하늘나라는 자기 밭에 좋은 씨를 뿌린 사람과 같다. 사람들이 잘 때에 그의 원수가 와서 밀 가운데 독보리를 덧뿌리고 가 버렸다. 싹이 터고 이삭이 팰 때 독보리들이 보여서 그 주인의 종들이 주인에게 가서 말하였다. 주인님, 당신의 밭에 좋은 씨를 뿌리지 않았습니까? 그러면 독보리들이 어디서 났습니까? 주인이 그들에게 말하였다. 원수가 이렇게 하였구나. 종들이 그에게 말하였다. 그러면 저희가 가서 그것들을 뽑아낼까요? 주인이 말하였다. 아니다. 독보리를 뽑아내다가 그것들과 함께 밀을 뽑을지도 모른다. 밭걷이 때까지 둘이 함께 자라도록 놓아두어라. 밭걷이 때 내가 일꾼들에게 말할 것이다. 먼저 독보리를 모아서 태우도록 단으로 묶고 곡식은 내 곳간에 거두어 들여라. ⟨마 13:24~30⟩

예수께서 그들에게 대답하셨다. 좋은 씨를 뿌리는 사람은 인자고 밭은 세상이고, 좋은 씨, 이것들은 그 나라의 아들들이고, 독보리는 악한 자의 아들들이고 그것들을 뿌린 원수는 마귀이고 밭걷이는 세상의 끝이고 일꾼들은 천사들이다. 독보리를 거두어 불에 태우듯이 세상의 마지막에도 이러할 것이다. 인자가 자기 천사들을 보내어 넘어지게 하는 것들과 불법을 저지르는 사람들을 자기 나라에서 모두 모아서 그들을 불 아궁이에 던져 넣을 것이다. 거기에는 울음과 이를 갊이 있을 것이다. 그때 의로운 사람들은 자기 아버지의 나라에서 해처럼 빛날 것이다. 귀 있는 사람은 들어라. ⟨마 13:37~43⟩

앞부분은 비유이고 뒷부분은 비유에 대한 해석이다. 비유는 농사지을 때 누구나 볼 수 있는 광경이다. 좋은 씨를 뿌렸는데 밭에 독보리가 함께 자란다는 얘기이다. 그렇지만, 독보리를 어떻게 하는가를 놓고 얘기는 약간 다른 방향으로 진행한다.

예수는 알곡과 독보리 비유를 "천국은 … 과 같다"고 시작하심으로써 이 비유로 천국이 어떤 것인지를 설명하시려는 의도를 분명히 밝히셨다. 천국이 '씨 뿌리는 자'로 비유되기 때문에 예수에게 강조점이 놓였다는 점에서 이 알곡과 독보리 비유는 앞에서 다룬 '씨 뿌리는 자의 비유'와 큰 차이가 없다.

'천국'에 초점을 맞추고 두 비유를 비교해 보면 한 가지 뚜렷한 차이점이 발견된다. 씨 뿌리는 자 비유에서는 예수가 천국과 관련 있는 행동을 하는 것으로 묘사되었으나 이 알곡과 독보리 비유에서는 예수와 천국이 동일시되고 있다. 앞에서 서론적으로 말했던 천국의 성격이 이 비유에서 좀 더 상세하게 설명되는 것이다. 즉 천국 개념을 구성하는 데는 주권, 영토, 백성 등이 필수요소이기는 하지만 핵심은 아니다. 천국 개념을 구성하는 핵심 요소는 이 모두가 걸려 있는 예수이다.

우리는 '있는 자와 없는 자'에서 예수를 믿는 사람이라야 예수의 비유를 바로 이해할 수 있다는 점을 지적한 바 있다. 비유를 말하는 사람과 듣는 사람이 함께 가지고 있었던 공통분모는 예수를 하나님의 아들로 믿는 믿음에 있었다는 것이다. 예수를 믿는 사람들은 좋은 씨를 뿌리는 농부를 예수 자신에 대한 비유어로 이해하는 데 별 어려움이 없다. 그러나 예수를 믿지 않는 사람은 바로 이 공통분모가 없었기 때문에 이렇게 이해할 방법이 없다. 그들에게 비유는 알아듣기 어려운 일상생활의 얘기가 되고 만다.

농부가 자기 밭에 뿌렸다는 좋은 씨는 나쁜 씨와 비교되지 않고 독보리의 대조어로 채용되었다. 따라서 좋은 씨란 곡식, 곧 보리나 밀을 뜻한다. 25절

벼나 보리 사이에 피나 독보리가 함께 자라고, 잡초가 채소와 얽혀 더 빨리 성장하는 것은 어디서나 볼 수 있는 광경이다. 농부들은 곡식이나 채소를 더 잘 키우고자 풀을 뽑기도 하고 김을 매기도 하고 제초제를 사용하기도 한다. 보리나 밀과 함께 자라는 독보리는 잎 모양이 곡식과 거의 같아서 농부들이 신경을 쓰고 자세히 살피지 않으면 쉽게 발견되지 않는다. 농부는 말할 것도 없고 한 번이라도 농사일을 해본 사람이라면 쉽게 연상할 수 있는 광경을 사용해서 사람들에게 천국의 비밀을 알리려 하셨다. 그러나 예수의 비유는 농촌 전경의 사실적 묘사에 치우치지 않고 교훈에 필요한 형태로 전개된다. 농사에서 알 수 없는 인위적 얘기가 덧붙여진 것이다.

농부가 좋은 씨를 뿌리는 것은 조금도 이상하지 않다. 또 잡초나 독보리가 함께 자라는 것도 누구나 아는 얘기다. 그러나 예수는 독보리의 출처를 미리 알리시며 얘기를 전개하셨다. 이것이 평

범한 얘기에 덧붙여진 인위적 부분이다. "사람들이 잘 때에 그의 원수가 와서 밀 가운데 독보리를 덧뿌리고 가 버렸다."마13:25 독보리는 그냥 자라는 것이 아니라 농부의 원수가 밭에 뿌렸기 때문이다. 밀과 독보리의 평범한 얘기 속에 덧붙여진 농부와 원수의 대조는 전체 비유에 새로운 의미를 부여한다. 예수는 현실에서 취한 소재를 있을 법한, 그리고 충분히 상상할 수 있는 상황으로 발전시켜 비유의 배경으로 설정하심으로써 농부와 좋은 씨까지도 이 단어들의 원 의미가 아니라 자신에 의하여 새롭게 부여되는 비유적 의미로 이해하게 하셨다.

비유의 시작에 "사람들이 잘 때 그의 원수가 와서 밀 가운데 독보리를 덧뿌리고 갔다"는 점을 미리 말씀하신 것은 비유를 듣거나 읽는 사람들에게 밀로 비유된 사람들은 그들 가운데 있는 독보리를 알지 못한다는 것과 이 독보리는 농부가 아니라 원수가 뿌렸다는 사실을 알려주는 역할을 한다. 청중이나 독자는 밀 속에 자라는 독보리의 존재만이 아니라 그것이 원수에게서 왔다는 사실도 아는 상태에서 비유를 듣는다. 이것을 알지 못하는 사람들은 비유에 등장하는 사람들뿐이다.

독보리와 알곡은 꽃이 피고 열매를 맺기 시작할 때까지 함께 자란다. '싹이 터고 이삭이 팰 때'는 비유에 등장하는 사람들이 곡식 가운데 독보리가 있다는 것을 오랫동안 몰랐다는 사실을 뒷받침한다. 독보리는 잎 모양이 비슷하여서 싹이 나고 자라도 쉽게 눈에 띄지 않는다. 그러나 이삭이 나올 시기가 되면 독보리는 한 순간에 알곡이 아니라는 사실이 드러난다. 곡식은 꽃이 피고 굵은 낱알들을 만들어가기 시작하는데 독보리는 다른 꽃을 피울 뿐만 아니라 기대하던 탐스러운 이삭은 생산하지도 못한다. 겉으로는 비슷한 모양을 가졌던 독보리의 정체가 탄로 나는 순간이 온 것이다. 열매를 맺지 못하기 때문이다.

그제야 종들은 독보리가 있다는 것을 알아채고 놀라며 의문을 가진다. 알곡만을 뿌리지 않았던가? 그러면 독보리가 도대체 어디서 왔는가? 농부, 아마 농부의 지시를 받은 종들은 독보리를 뿌린 적이 없다. 따라서 종들은 어떻게 독보리가 생겨났는지를 모른다. 독보리가 어디에서 왔는지를 묻는 말은 독보리를 발견한 시점에서 보면 과거를 이해하기 위한 질문이다. 주인은 원수가 그렇게 하였다고 대답한다. 종들은 비로소 주인의 원수에 대하여 듣는다. 그러나 청중이나 독자들에게는 주인의 대답이 새로운 것이 아니다. 예수는 이미 독보리의 출처를 제시하시고 얘기를 시작하셨다. 따라서 청중이나 독자는 이 독보리가 농부의 원수에게서 왔다는 것을 알고 있다. 그것은 처음부터 없었어야 할 부분이다. 일상생활에서는 누구도 생각해 보지 않을 독보리의 출처, 농부의 원수를 알려주는 것이 이 비유의 핵심 중 하나다.

주인의 대답을 들은 종들은 재차 묻는다. 이 독보리들을 뽑아버릴까요? 농촌풍경만을 떠올린다면 이 두 번째 질문은 무의미하다. 독보리를 발견한 그 시점에서 풍요로운 거둠을 위해서는 당장 뽑아버리면 되기 때문이다. 이야기에 몰입하는 청중이나 독자들도 당연히 이런 진행을 기대할 것이다. 그들은 처음부터 그 출처가 농부의 원수라는 것과 그것은 없었어야 할 부분이라는 것을 알고 있기 때문에 비유를 듣거나 읽는 동안 언제 이 독보리를 제거하게 될 것인지에 관심을 둔다. 그런데 이야기 속의 종들은 독보리를 발견하는 즉시 뽑지 않고 뽑을지 말지를 주인에게 묻는다. 자연스런 이야기의 진행에 갑자기 끼어든 일종의 반전이 시작되는 곳이다. 따라서 우리는 이 질문과 이 질문에 대한 주인의 대답이 이 비유의 핵심이라고 말할 수 있다.

농부는 종들에게 파격적인 명령을 내린다. "밭걷이 때까지 둘이 함께 자라도록 놓아두어라." 청중이나 독자들도 예상하지 못하는 대답이었다. 농부는 독보리를 걱정한 것이 아니다. 엉겨 붙은 뿌리 때문에 곡식이 조금이라도 다치는 것을 염려한 때문이다. 당장 독보리를 뽑아내다가는 그것들과 함께 밀이 뽑히거나 상처를 입는다. 그래서 곡식과 독보리의 혼합 상태는 이삭이 팰 때 이미 분명해졌음에도 불구하고 밭걷이 때까지 계속된다.

이 혼합 상태는 곡식을 거둘 때 끝난다. 밭걷이는 알곡과 독보리를 구분하는 시기이다. 밭걷이 철이 되어 곡식을 거둘 일꾼들이 등장한다. 밭주인은 일꾼들에게 독보리를 먼저 묶으라고 명령한다. 이때까지 곡식과 함께 고이 자라던 독보리들은 이때부터 전혀 다른 길을 걷는다. 훌륭한 땔감으로 아궁이에 던져지려고 준비되는 것이다. 반면 알곡은 창고에 차곡차곡 쌓는다. 예수는 잠시 후에 밭걷이에 동원된 일꾼들을 천사들이라고 해석하시지만, 농부의 종들이 누구인지는 설명하지 않으셨다. 이 일꾼들의 역할은 비교적 명백하게 나타나 있지만, 비유의 핵심부분은 아니다. 집약적인 노동이 필요한 밭걷이에 일시적으로 고용되는 일꾼들은 알곡과 독보리를 구분하는 상을 그릴 뿐이다. 이에 반해 종들은 청중이나 독자 대신에 의문을 제기하고 주인에게 그 답을 얻어내는 역할을 한다.

비유 속에서도 밭걷이는 실제로 일어나는 것이 아니다. 밭걷이가 되기 전의 한 시점에서 이야기가 가상적으로 진행되고 있다. 그러니까 종들이 독보리를 발견한, 그리고 이 독보리를 어떻게 할 것인가에 대하여 질문하는 그 시점에서 주인은 미래의 밭걷이를 예견하신다. 따라서 중요한 것은 밭걷이 자체가 아니다. 밭걷이 때가 되면 어차피 알곡과 독보리는 어차피 갈라지게 되어 있으니까 그때까지는 함께 자라게 그냥 놔두라는 명령이 이 비유의 요점이다. 밭에는 여전히 알곡과 독보리가 섞여 있다. 그러나 결국은 다른 운명에 처할 것이다. 그러므로 종들은 이 일로 인해 더는 근심할 필요가 없다. 알곡과 독보리의 혼합 상태는 이제 주인의 명령에 의하여 지속한다.

예수께서 비유와 함께 말씀하셨다는 해석을 따르면 '좋은 씨를 뿌리는 사람'은 '인자(= 사람의 아들)'다. 천국은 좋은 씨를 자기 밭에 뿌리는 사람과 같다고 했으니까 천국은 곧 '인자'라는 등식이 성립한다. 그러나 비유의 접촉점은 농부나 인자의 인격, 성격,

본질 등이 아니라 바로 그 인자의 사역이다. 좋은 씨를 뿌리는 자라는 표현에 유의해야 한다. 천국은 곧 '인자' 라는 등식이 아니라 '좋은 씨를 뿌리는 농부', 즉 '천국의 아들들을 부르는(= 모으는, 혹 만드는) 인자' 곧 천국으로 이해해야 한다.

인자란 칭호는 예수가 자기 자신을 가리키고자 자주 사용하신 삼인칭 표현방법이다. 신학자들은 이것을 예수의 자기칭호라고 부른다. 즉 '좋은 씨를 뿌리는 자' 는 바로 '나' 라고 말씀하시는 대신에 '인자' 라고 말씀하신 셈이다. 이 칭호도 비유와 비슷한 목적으로 채용되었다. 즉 예수는 이 세상에서 활동하실 때의 모습을 이런 식으로 표현하심으로써 자신을 믿고 자신의 권위와 능력을 인정하는 사람에게는 자신을 분명히 알고 이렇게 밝혀진 비밀을 따라서 하나님 앞에서 풍성한 삶을 꾸려가게 하셨지만, 자신을 보통사람 이상으로는 인정하지 않는 사람들에게는 똑같은 내용이라도 이해하지 못하고 오히려 혼란을 일으키도록 하셨다.

예수는 자신을 좋은 씨를 뿌리는 농부에 비유하셨다. 씨 뿌리는 자의 비유에서는 밭이 예수를 만나는 사람으로 비유되었는데 이 비유에서는 세상으로 비유되었다. 예수는 이 세상에 오셔서 천국의 자녀를 불러 모으시는 자신의 모습을 그리고자 천국을 좋은 씨를 뿌리는 농부에 비유하신 것이다. 천국은 축복의 자녀를 불러 모으시는 예수 자신이다. 천국은 예수의 다른 이름이나 별명이 아니다. 또 예수와 동격으로 표시되는 기호도 아니다. 그것은 예수에게 초점이 맞추어진 단어이면서도 그 인격보다는 자신이 주도

하는 활동을 연상케 하는 단어이다. 즉 예수께서 주도권을 잡고 하시는 어떤 일이 천국이라는 단어가 품는 의미이다. 물론 천국은 하나님의 왕권이나 주권을 의미할 수도 있다. 그러나 이 주권은 정지된 상태에 머물러 있지 않고 그의 아들 예수를 통하여 하나님 편에서부터 나타나는 것이요 그렇게 발생한 것이 천국의 자녀들에게 미치는 것이다. 예수는 이 세상에서 천국의 자녀를 낳고 계셨다고 말할 수 있다. 그래서 예수가 전파하신 천국은 역동적 개념이라고 불린다. 하나님의 통치가 나타나기 전에 우선 그의 주권과 그의 통치의 대상이 먼저 선정되는 것이다. 아니, 하나님의 사랑과 은총을 경험할 사람들을 불러 모으시는 것 자체가 천국이 시작되는 것이요 곧 하나님의 나라다.

예수께서 알곡과 독보리의 비유로 묘사하신 것은 이미 앞에서 언급한 것과 크게 다르지 않다. 있는 자와 없는 자, 천국 말씀을 이해하는 사람과 그렇지 않은 사람이 대조를 이루는 것처럼 여기서는 천국의 자녀와 악한 자의 자녀가 대조를 이룬다. 두 종류의 사람들이 천국과 관련하여 한 편은 긍정적인 모습으로, 다른 한 편은 부정적인 모습으로 등장하고 있다. 앞에서는 예수에 대한 믿음의 유무나 천국의 말씀을 소유하는 방법의 옳고 그름과 같이 겉으로 드러나는 현상에 의해 사람들이 구분된 데 비해 이 비유에서는 본인들에게 책임 여부를 따지기 곤란한 문제, 즉 그들의 근원이나 뿌리에서부터 나뉜다. 두 종류의 사람들이 서로 섞여 있는 모습은 같다. 천국의 자녀는 예수에 의해 이 세상에 나타나고 악한 자의 자녀는 마귀에 의해 출현한다.

예수는 이 비유를 통해 사람들에게 다음과 같은 천국의 비밀을 알리고자 하셨다. 첫째, 예수께서 오셔서 활동하심으로 말미암아 천국의 자녀가 하나 둘 탄생한다. 둘째, 천국의 백성이 생긴다고 해서 갑자기 그들만의 행복한 세계가 만들어지는 것은 아니다. 이에 못지않게 사탄의 활동도 활발해지는데 이것을 예수는 악한 자들이 그들의 자녀를 천국 백성 사이에 심는 것으로 해석하셨다. 셋째, 천국의 자녀와 사탄의 자녀의 혼합 상태는 세상 끝까지 계속된다.

예수께서 관심을 두셨던 대상은 알곡 가운데 자라는 독보리가 아니라 천국의 자녀 사이에 섞여 있는 그렇지 않은 사람들이다. 천국은 예수의 오심으로 단번에 모든 사람을 천국의 자녀로 만들거나 세상에 있는 모든 악의 세력을 몰아내는 것으로 나타나지 않는다. 시작하자마자 끝나는 것, 이 세상과는 갑자기 다른 세상이 시작되는 것, 이 세상의 역사를 끝내고 전혀 다른 하나님의 세계를 여는 것이 천국이 아니다. 당시 사람들 사이에는 그런 천국관이 널리 퍼져 있어서 모든 사람들이 그러한 낙원을 꿈꾸고 있었지만, 예수가 가르치신 천국은 그런 것이 아니었다. 예수는 그런 천국이 아니라 이 땅에 자신이 오심으로써, 자신이 활동한 결과로 하나 둘 천국의 백성이 탄생하는 그 나라의 왕이시다. 모두가 그를 왕이나 하나님의 아들로 받아들이지는 않았다. 아니, 믿기 시작한 사람들보다 믿지 못하는 사람들이 더 많았다. 믿지 않고 그를 따르지 않는 사람들은 그냥 그렇게 하는 것이 아니라 예수의 원수가 그렇게 만들기 때문이다. 예수는 사람들이 사는 세상을 인간들의 사회적 집단으로만 파악하지 않으시고 하나님의 자녀와 사탄의 자녀가 섞여 사는 혼합 상태로 규정하셨다. 이 구분의 기준은 예수를 믿는가 믿지 않는가에 있다. 예수를 만났다고 해서 모두가 예수를 받아들이거나 따르지는 않았다. 모두가 옥토에 떨어진 씨처럼 되지는 않았다. 왜 그런가? 이 비유에서 예수는 더 근본적인 이유를 밝히신다. 그것은 출발점이 다르기 때문이다. 그래서 섞여 있을 수밖에 없다. 분리는 이 세상이 끝나는 그 시점에 가서야 비로소 이루어진다.

오늘의 세계도 이 비유의 연장 선상에 놓여 있다. 비유를 말씀하신 지 이천여 년이 지났지만, 아직 그 끝은 보이지 않는다. 독보리와 알곡이, 알곡과 독보리가 함께 어울려 이 세상을 살아간다. 예수께서 몰고 오신 천국의 자녀와 그렇지 않은 사람들이 어려움 없이 더불어 살고 있다. 세상의 모든 혼란상은 서로 다른 사람들이 함께 살아가고 있다는 데서 비롯된다. 하나님은 어른이나 아이, 남자나 여자, 다른 인종, 민족, 국가 등 어떤 외부적 요인으로 사람들을 구분하지 않으신다. 그러나 다른 경계선, 영적 구분선이 있다. 하나님은 이 구분선, 즉 믿음 가지고 사람들을 두 종류로 나누신다. 하나님을 믿는 사람과 그렇지 않은 사람들이다. 하나님 나라의 왕으로 오신 예수를 믿고 따르는 사람들과 그렇지 않은 사람들이다. 예수를 믿고 인정하는 사람들은 천국의 자녀다. 예수를 받아들이지도 않고 믿지도 않는 사람들은 하나님의 원수의 자녀다. 다른 말을 쓰고 다른 모습과 다른 습관을 가진 사람들이 함께 어울려 지내는 데는 어려움도 많겠지만 어쩌면 묘미와 흥미가 더 크게 작용할는지도 모른다. 그러나 예수가 알곡과 독보리에 비유하신 사람들이 한데 섞여 있다는 것은 가장 골치 아픈 문제임이 틀림없다. 서로 다른 기준을 따라 살면서도 누구도 이 기준을 양보하거나 포기하려 하지 않기 때문이다. 언제까지일는지도 모른다. 따라서 언제 이 혼란과 혼합이 끝날지도 모른다. 더구나 우리가 알기 어려운 것은 어떻게 두 종류의 사람들이 서로 뒤얽혀 있느냐는 것이다. 현실에서 구체적으로 알곡과 독보리를 구분하는 것은 쉽지 않을 뿐만 아니라 때로는 불가능하다. 우리가 비유의 한 장면에 등장하는 그런 사람들이라면, 우리는 알곡과 독보리처럼 스스로는 섞여 있다는 사실조차 모를 것이다. 예수가 알려주려고 하셨던 것은 역사의 한 시점에 잠시 등장하는 우리에게 우리가 그러한 알곡과 독보리가 섞여 있는 밭에 태어났다는 사실이다. 우선은 예수의 기준을 따라 두 종류의 사람들이 살고 있음을 인정하는 것이 급선무다. 인간이 만들어낸 가치관으로 부자와 가난한 사람, 똑똑한 사람과 어리석은 사람, 억누르는 자와 억누름과 고통에 시달리는 자 등이 서로 섞여 살아간다는 식으로 생각하는 것이 아니라, 천국과 관련하여, 천국의 자녀와 마귀의 자녀가 섞여 살아가는 것이 우리의 현실이라고 인정하는 것이다. 기독교가 오랫동안 말해온 그 절대적 가치는 복음서의 예수를 따르는 한 아직도 그리고 영원히 포기할 수 없다.

현실적인 문제는 누가 과연 알곡이며 누가 독보리냐는 것이다. 예수의 비유는 이 점에 대해 확실한 답을 주지 않는다. 예수께서 이 비유를 통해 알리려고 하신 것은 알곡과 독보리가 혼합된 것이 천국의 역사적 전개 상태라는 것이지 누가 알곡이요 누가 독보리 인가를 적나라하게 판정하는 것이 아니다. 비유에는 '싹이 나고 이삭이 팰 때'라는 작은 흔적이 나오지만, 이 역시 비유이다. 이를 '열매'로 바꾸어 이해한다 해도 이것이 무엇인지는 비유나 그 해석에 들어 있지 않다. 따라서 예수의 비유에서 겉으로는 같아 보이는 알곡과 독보리처럼, 천국의 자녀와 악한 자의 자녀가 섞여 있다는 것만을 배울 뿐 이들이 어디에 어떻게 섞여 있는지는 여전히 수수께끼로 남는다. 예수는 바로 이들이 쉽게 구분되지 않는다는 점 때문에 이 비유를 통해 알곡과 독보리가 섞여 있다는 사실을 알려주시는 것 아닐까? 따라서 예수께서 이 비유를 가르치셨다는 것은 이미 누가 알곡이요 누가 독보리냐는 질문에 대해 그럴 듯한 대답을 하기 시작하신 것으로 보아야 한다. 독보리가 있기는 있어도 열매가 열리기 시작하기 전에는 눈에 잘 띄지 않는다. 그러나 아무리 같아 보여도, 같은 인격과 같은 외모, 같은 삶의 태도를 보이고 이리저리 칡넝쿨처럼 얽혀 살아도 근본적인 차이점이 있다. 하나는 천국에, 다른 하나는 마귀, 즉 예수의 원수에 연결되어 있다.

사람들은 두 종류의 다른 세계가 있다는 것을 오래전부터 직감하며 살았다. 선과 악, 의와 불의, 아름다움과 더러움, 밝음과 어둠 등. 우리의 마음에도 비슷한 두 구석이 존재한다고 누구나 믿고 있다. 예수가 천국이 시작되었다고 선포하셨던 시기에도 같은 얘기가 되풀이되었다. 어떤 사람들은 예수에게서 천국, 곧 하나님의 나라를 보았다. 그들은 그것을 들었고 만졌다고 생각했다. 그러나 같은 것을 보고 들으면서도 의혹과 경계심만 가진 사람들도 있었다. 인자가 거닐었던 갈릴리나 유대 지방에서도 서로 다른 반응이 엇갈리곤 했다. 한 편에서는 천국이 시작되었는데 다른 한 편에서는 마귀의 활동이 눈에 띄게 활발해지고 있었다. 역사의 쌍곡선은 이렇게 예수에게서 다시 새로운 전기를 맞는다. 오늘날에도 그것은 극복되지 않고 우리는 그 쌍곡선 속의 한 좌표에 자리를 잡고 태어나 온갖 인간의 냄새를 풍기며 살아간다. 복잡한 문제들이 얽히고설키지만 이천 년 동안 꼬인 매듭을 풀고 거슬러 올라가 보면 처음의 두 가닥이 꼬이기 시작한 것이 그 시발점임을 깨닫게 된다. 사실은 오늘날도 이 두 가닥 외에는 아무것도 없다.

씨는 사람에 대한 비유어다. 좋은 씨는 천국의 자녀다. 덧뿌려진 독보리 씨는 악한 자의 자녀다. 두 종류의 씨는 곧 제각기 싹이 나고 자란다. 이제 파란 잎사귀를 내고 쭉쭉 뻗어 올라가는 밀과 독보리가 사람의 비유로 바뀐다.

그렇다면, 알곡과 독보리를 구별하게 하는 이삭, 즉 열매란 무엇의 비유일까? 우선 이 비유어의 중요성을 한 번 더 강조하고 싶다. 예수의 비유에서 열매는 살짝 언급되지만, 이것은 알곡과 독보리를 분간하게 하는 것으로서 아주 중요하다. 그것은 한 편으로는 알곡의 표시이다. 다른 한 편으로는 독보리는 그런 열매가 없어서 독보리의 표시이기도 하다. 예수는 설명부에서 독보리로 비유된 사람들은 단순히 밀과 같은 열매가 없어서가 아니라 전혀 다른 열매를 가졌음을 추측할 수 있는 암시를 남기셨다. "독보리를 거두어 불에 태우듯이 세상의 마지막에도 이러할 것이다. 인자가 자기 천사들을 보내어 넘어지게 하는 것들과 불법을 저지르는 사람들을 자기 나라에서 모두 모아서 그들을 불 아궁이에 던져 넣을 것이다."40~41절 독보리는 처음에 원수의 자녀에 대한 비유어였다. 그런데 이제 '모든 넘어지게 하는 것들과 불법을 행하는 사람들'의 비유어가 되었다. 반면 알곡으로 비유된 천국의 자녀는 이제 의로운 사람들이라고 불린다.43절 이 표현들, 즉 '모든 넘어지게 하는 것'이나 '불법을 행하는 자들', 또 그 반대개념인 '의로운 사람들'은 '천국의 자녀'나 '악한 자의 자녀' 처럼 사람들의 근원에 초점을 맞춘 표현이 아니다. 영적 본질이 아니라 삶의 과정에서 나타나는 현상에 초점을 맞춘 표현이다. 결론적으로 이렇게 말할 수 있다. 알곡의 열매란 천국의 자녀가 만들어내는 선행이나 옳은 삶을 의미하고, 독보리의 열매란 악한 자의 아들들이 만들어내는 '모든 넘어지게 하는 것들'과 불법을 의미한다. 농부가 좋은 씨를 뿌리며 기대하는 열매는 알곡이라면 당연히 보여야 할 선한 삶, 의로운 행동이다. 반대로 기대하지 않는 열매는 독보리들이 보이는 불법을 자행하고 남을 실족하게 하는 것이다.

예수의 출현과 활동이 곧바로 세상의 종말을 뜻하거나 다른 세상을 가져오지는 않았기 때문에 알곡과 독보리는 어쩔 수 없이 섞여 살고 있다. 그러나 꽃은 달라야 한다. 잎과 줄기로는 분간할 수 없어도 열매는 달라야 한다. 한 인간의 삶은 그 삶을 만들어내는 사람의 정체를 알려준다. 알곡과 독보리의 비유에 의하면 다른 열매를 맺게 하는 본질에도 차이가 있다. 그러나 이 본질적 차이를 눈에 보이게 하고 구분하게 하는 것은 삶이다. 삶의 열매이다. 사람의 근원과 삶 사이에는 끊을 수 없는 필연적 논리관계가 놓여 있는 것이다. 따라서 주인이 기대하는 열매가 없는 풀들을 가려서 불 속에 던져 넣었을 때 잡초들을 그렇게 했을 뿐이라고 말할 수 있다. 열매가 없어서가 아니라 원래 독보리였기 때문이다. 또 반대로 열매를 보고 따로 묶어 곳간에 들여 놓았을 때는 알곡을 그렇게 했다고 말할 수 있다. 열매 때문이 아니라 원래 좋은 씨였기 때문이다. 이런 이유로 비유는 '모든 실족게 하는 것'과 '불법을 행하는 자들'을 심판하는 것으로 끝난다. 원수가 심은 독보리이기 때문이다. 의로운 사람들은 자기 아버지의 나라에서 해처럼 빛날 것이다. 그 나라의 왕이 뿌린 좋은 씨, 곧 천국의 자녀이기 때문이다.

이 알곡과 독보리의 비유를 앞에서 설명한 씨 뿌리는 자의 비유와 연결해보면, 이 비유는 예수를 만나는 사람들이 왜 서로 다른 반응을 나타냈는지에 대한 근본적인 원인을 알려준다. 출처가 다르다는 것이다. 나아가서 그 본질적인 차이가 예수를 향한 믿음이나 불신, 천국의 말씀에 대한 지속적인 정열이나 외면, 그리고 구체적인 삶의 열매들로 나타날 수밖에 없음을 가르쳐준다.

결론을 겸하여 다시 한 번 요약해 보자. 무엇이 천국이며 무엇이 천국의 비밀인가? 천국은 예수의 오심과 함께 시작되었다. 천국은 미래의 무엇이 아니다. 예수의 활동 당시를 기준점으로 삼아도 천국은 이미 과거에 이 땅에 시작되었다. 사람들이 죽어서 그곳으로 가기도 전에, 또 이 세상이 끝나기도 전에 예수의 탄생과 함께 이 세상에 온 것이다. 예수의 활동과 가르침 속에서 천국은 이 세상에 그 모습을 드러내기 시작했다. 예수께서 친히 천국의 자녀를 불러 모으신다. 이것이 천국이다. 천국의 시작이다. 예수에게 부름을 받고, 그를 믿게 되고, 그의 말씀을 받아들이고, 그의 교훈을 사랑하며 힘을 다해 지키고, 이러한 과정에 벌어지는 모든 어려움과 유혹을 극복해가는 사람이 예수께서 뿌려 놓으신 좋은 씨 곧 천국의 자녀다. 이 천국은 세상의 종말이나 최상의 지상 낙원이나 괴로운 세상 저편의 극락을 뜻하지 않는다. 세상은 어제나 오늘이나 변함이 없다. 내일도 오늘과 같을 것이다. 역사의 수레바퀴는 마냥 굴러가고 있다. 그러나 천국은 시작되었다.

사탄의 활동도 갑자기 민첩해졌다. 그래서 예수와 함께 이 세상에 온 천국의 시작은 한 편으로는 천국의 자녀 출현과 다른 한 편으로는 악한 자의 자녀 출현이란 면으로 양분화 현상을 가져왔다. 어중간한 중립적 위치란 이제 있을 수 없다. 이천 년 동안 하나님의 자녀와 사탄의 자녀, 하나님의 나라와 세상의 나라는 그들 스스로는 의식하지 못하는 가운데 역사의 무대에 공존하고 있다. 예수의 비유가 가르치는 대로라면 우리가 몸으로 느끼지 못해도 알곡과 독보리의 역사가 마냥 흐르고 있다. 겉으로는 평화롭게 보여도 굳게 형성되어 있는 그 경계선은 아무도 허물지 못한다. 그래서 세상이 끝날 때까지 인간의 역사는 영적 전쟁의 역사다. 인간의 싸움이 아니라, 알곡과 독보리의 싸움이다. 이 싸움은 언젠가는 끝날 것이다. 그리고 역사 속에서 희미하던 알곡과 독보리의 구분이 선명하게 드러날 것이다. 한 편에서는 하나님의 영광을 노래하고 다른 한 편에서는 울며 이를 갈며 영원의 세계로 들어간다.

그러나 비유의 초점은 현재에 맞추어져 있다. 천국은 이미 과거에 시작된 것으로 회상되고 밭걷이는 여전히 미래에 올 것으로 예언되고 있다. 현재는 좋은 씨들이 예수의 사역을 통해 계속 뿌려지는 과정이다. 실현된 천국의 시작은 삶의 근거로, 예견된 심판은 삶의 목표로 현재에 관여한다. 비유를 말씀하시는 예수의 관심은 그 당시의 현재로 수렴된다. 우리에게는 먼 옛날이지만 우리의 상황도 마찬가지다.

그래서 우리도 현실에 눈을 돌리면 우리의 열매가 우리의 뿌리를 알려준다는 교훈이 남는다. 우리의 뿌리에서 우리의 삶이 만들어진다는 교훈이기도 하다. 예수를 믿고 섬기는 사람에게 천국은 삶의 기초요 가능성 노릇을 한다. 미래의 심판은 현재의 거울로 작용하며 적절한 열매를 맺도록 자극한다. 따라서 현재 우리가 힘써야 할 기도와 노력은 선하고 의로운 삶의 열매들을 맺어가는 것이어야 한다. 어제와 다르고 내일 또 달라질 지금의 열매가 없다면 우리는 알곡인지 독보리인지 알지 못하는 혼란 속에 방황할 것이다. 과정에 있는 것도 작은, 그러나 지극히 소중한 우리의 열매다. 이삭이 패고 여물어가듯 착하고 바른 열매들은 우리의 삶을 통해 자란다.

예수는 현실에 나타나는 현상을 조금도 소홀히 취급하지 않으시고 우리의 현실, 우리에게 나타나는 현상으로부터 영원한 우리의 뿌리를 찾아주셨다. 언제라도 현실을 비추어볼 수 있는 미래의 영원한 거울을 알려주셨다. 그래서 알곡과 독보리가 공존하는 세상에서 예수의 말씀을 따르는 열매는 필수적인 과제가 된다.

겨자씨

예수께서 다른 비유를 들어서 그들에게 말씀하셨다. 하늘나라는 어떤 사람이 가져다가 자기 밭에 뿌린 겨자씨와 같다. 그것은 모든 씨들보다 더 작지만 자랐을 때에는 채소보다 더 크고 나무가 되어 하늘의 새들이 와서 그 가지에 깃들인다. 〈마 13:31~32〉

마태복음 13장에 수록된 여덟 개의 비유 가운데 처음 세 비유는 농부의 얘기이다. 같은 장면을 묘사한 것처럼 보이지만 비유의 내용은 조금씩 다르다. 물론 비유와 교훈의 접촉점도 같지 않다.

농부가 뿌리는 씨가 씨 뿌리는 자의 비유에서는 천국의 말씀을 가리켰고 알곡과 독보리의 비유에서는 천국의 자녀를 가리켰다. 이에 비교되는 독보리 씨는 모든 넘어지게 하는 것과 불법을 한 자들의 비유어였다. 그런데 우리가 지금 다루려는 겨자씨의 비유에서는 씨가 직접 천국을 의미한다. 또 앞의 두 비유는 예수에게 초점을 맞추어 농부로 비유된 예수의 활동과 그 결과를 설명하는 것이었다. 그러나 겨자씨의 비유는 천국 자체를 설명하는 것이다.

이 세 비유는 천국의 출발점을 보여준다는 점에서 공통점을 가지고 있다. 이 땅에 천국이 이미 시작되었다는 것은 예수의 비유에 담긴 가장 중요한 비밀이다. 예수께서 활동 초기에 천국이 가까이 왔다고 외치시며 사람들에게 회개를 촉구하실 때만 해도 천국이 이미 온 것인지, 문 앞까지 와 있어서 아직은 시작되지 않았는지 확실치 않았다. 그러나 씨 뿌리는 농부의 얘기를 담은 첫 세 비유는 그 천국이 예수의 활동과 함께 이미 시작되었다는 것을 확실히 알려준다. 천국의 말씀이 사람들에게 선포되고 있을 뿐만 아니라 실제로 예수를 만나고 그에게서 이 말씀을 듣는 사람들의 반응 여부에 따라서 각기 다른 결과로 나타난다. 사람들은 천국의 말씀을 듣고 기뻐하거나 간직하고 그대로 실천할 수도 있다. 또 이 천국의 말씀 때문에 환란과 핍박과 멸시와 유혹이 일어나고 있다. 천국은 이제 사람들이 이 세상에서 경험할 수 있는 것이 되었다. 그래서 천국은 좋은 씨를 자기 밭에 뿌리는 자, 곧 인자로 비유된다. 그는 세상에 천국의 자녀를 심기 시작하셨다. 겨자씨의 비유에서 한 번 더 이 시작이 강조된다.

천국이 시작되었다는 것은 예수께서 오심으로 말미암아 천국이 나타났고 그 천국이 스스로 굴러가기 시작했다는 의미는 아니다. 예수와 천국의 관계는 더욱더 긴밀하다. 예수나 그의 사역을 천국이 나타나고 전개되고 발전해가는 도구쯤으로 이해하는 것은 이 긴밀성을 파괴하는 생각이다. 정확히 말하면, 예수의 사역 자체가 바로 천국의 전개, 발전 과정이다. 천국이란 예수의 오심, 사람들을 부르심, 자기 백성을 구원하심 등을 설명하는 말이다.

많고 많은 씨 중에 왜 하필 겨자씨일까? 한국인들이 이스라엘을 방문하기 시작하면서 겨자씨가 선물용품 가게에 등장하기 시작하였다고 한다. 처음에는 진짜 겨자씨를 포장하여 팔았는데 인기가 없었다. 좁쌀 만한 크기가 겨자씨를 세상에서 가장 작은 씨로 아는 한국 여행객들의 눈에 차지 않았던 것이다. 가루같이 작은 담배씨를 겨자씨라고 속여 판 사람들만 재미를 보았다고 한다. 겨자씨와 관련된 더 많은 얘기가 있다. 예를 들면, 예수께서 그때 염두에 두셨던 겨자씨가 과연 무엇일까를 놓고 10개 이상의 학설이 있다고 한다. 진짜 겨자씨라고 부르는 것은 세상에서 가장 작지도 않고 나무라고 부르기도 그렇고 또 큰 나무로 성장하지도 않기 때문이다.

우리도 과학적 흥미를 느낄 수 있다. 정말 겨자씨가 씨 중에서 가장 작은 것인지, 이 씨가 얼마나 크게 자라는지, 사방으로 가지를 뻗어서 새들이 그 가지에 깃들일 수 있는지, 아니면 '겨자씨'나 '가지'가 바른 번역인지 등의 질문을 던지는 것이다. 하지만, 이런 태도는 예수의 비유를 정확하게 이해하는 방법은 되지 못한다. 왜냐하면, 예수가 겨자씨를 비유의 소재로 선택하신 이유는 당시 청중이 알고 있고 볼 수 있는 씨 중에서 작은 것 하나를 생생하게 연상시키려는 데 있었기 때문이다. 21세기에 금수강산에 살며 이런저런 나무를 본 우리 경험이 아니라 사막기후에 가까운 아열대 지방에서 변변한 나무라고는 제대로 보지도 못한 이천여 년 전의 유대인들의 경험이 비유를 이해할 수 있는 공통분모이다. 예수는 겨자씨를 그 사람들이 아는 다른 씨들과 비교하셨고 그것이 자란 모습을 다른 나무들이 아니라 채소와 비교하셨다. 주변에 나무 한 그루 없는 곳에서 이 비유를 하셨다면 겨자 나무를 야자나무나 올리브나무와 비교하지 않으신 것을 탓할 수는 없다. 예수의 비유 자체에는 아무런 문제가 없다.

예수께서 겨자씨의 비유를 가지고 알리려고 하셨던 천국의 비밀은 겨자씨가 작은 것처럼 천국이 미미하게 시작한다는 것이다. 하늘나라, 하나님의 나라라는 용어가 함축하고 있는 장엄하고 화려한 분위기를 부정하시고 사람들의 두뇌 속에 한 점 정도의 자리밖에는 차지할 수 없는 겨자씨에 천국을 비유하신 것이다. 사람들은 아무도 이런 천국을 예상하지 않았다. 지금도 사람들은 그런 천국을 기대하지 않는다. 천군 천사와 함께 화염에 싸여 우렛소리를 내며 오시는 하나님! 모세처럼 홀연히 이적으로 이집트를 초토화하고 억눌린 이스라엘 민족을 이끌고 홍해를 걸어 넘고 자기 백성을 새 하늘과 새 땅으로 인도하시는 민족의 영웅인 메시아! 이런 상황을 기대하던 당시 이스라엘 사람들에게 천국이란 감히 인간의 상상에 담을 수 없는 굉장한 단어였다. '천국'에는 위엄이 서려 있었고 힘이 새겨져 있었다. 사람들은 전쟁과 평화, 억압과 자유, 심판과 영광, 저주와 축복, 영원한 생명과 영원한 죽음과 같은 거창한 내용을 기꺼이 '천국'에 부여한다. 그러나 예수의 천국은 정반대이다. 그것은 갑자기 나타나 세상을 바꾸는 굉장한 것이 아니라 지극히 작게 시작하는 것이다.

미미한 겨자씨 같아 보이지만 천국은 시작되었다. 예수는 밭에 씨를 뿌리듯이 세상에 천국의 자녀를 심으신다. 하나님의 아들이 천군의 호위도 없이, 천사들의 장엄한 찬양도 없이 쓸쓸히 혼자 오신 것이다. 우주를 창조하시고 세상과 만물을 만드셨다는 분이 머리 둘 곳도 없는 초라한 나사렛 나그네로 오셨다. 하늘과 땅의 모든 권세를 가지신 분이 정작 이 세상에 와서는 먹고 마실 것도 없어 주리며 목마르게 사셨다. 이렇게 천국은 갈릴리 지방의 한 작은 촌에서 초라하게 소리 없이 시작되었다. 천지개벽도 없이 오신 예수. 홍길동처럼 구름을 불러 타고 날아다니시지 않고 피곤한 몸으로 터벅터벅 걸으시는 예수. 제자들에게 영광과 권력과 땅은커녕 진수성찬 한 상 차려주지 못하는 가난한 예수. 이것이 천국의 시작이다. 겨자씨의 비유가 교훈한다. 위대한 천국의 첫걸음이라고 부르기에는 너무나 초라한 시작이었다. 그러나 천국은 그렇게, 아무도 모르고 아무도 느끼지 못하는 가운데 예수에게서 시작되었다. 누구도 그런 것을 천국이라고 부르지 않을 것이기 때문에 예수는 자신이 시작하신 일이 바로 천국의 시작이라는 점을 비유라는 그릇에 담아서 알려 주셨다. 천국의 이러한 시작은 그를 믿는 사람만 어렴풋이 이해할 수 있었다.

겨자씨의 비유를 가지고 천국을 설명하신 예수의 의도는 두 가지로 보인다. 하나는, 천국의 시작을 거창한 것으로 예상하고 기대하던 사람들의 생각을 고쳐주는 것이다. 아직 예수를 인정하거나 믿지 않는 사람들의 실패 원인을 진단해 주신 것이기도 하다. 다른 하나는, 예수를 믿는 사람들에게 예수와 함께 천국이 미미하게 시작했음을 확인해 주는 것이다. 제자들의 허황되고 화려한 천국 개념을 송두리째 포기하도록 요구하신 것이기도 하다. 사람들은 천국이 오지 않았기 때문에 몰랐던 것이 아니라 그들이 기대한 대로 오지 않았기 때문에 그 시작을 알 수도 느낄 수도 없었다. 특히 이런 미미한 출발은 예수를 믿지 않는 사람들의 눈에는 들어갈 자리가 없었다. 제자들조차도 오랫동안 혼란을 일으켰고 예수와 천국의 관계를 혼동하고 있었다. 예수를 따르면 천국은 가장 작은 겨자씨 한 알처럼 시작한다. 하지만, 그것은 진정한 출발점이다. 다른 천국은 없다. 제자들은 예수의 죽음과 부활 후에야 이 사실을 전폭적으로 받아들였지만, 예수는 이미 이때 그들의 기대를 미리 교정해 주셨다.

이 겨자씨의 비유에서 지적할 수 있는 천국의 두 번째 비밀은 한 알의 겨자씨가 자라서 큰 나무가 되듯이 크게 자란다는 것이다. 예수의 활동이 정점을 향해서 진행되고 있었다. 예수를 믿는 천국의 백성이 생겨나기 시작했다. 언젠가 천국의 모든 백성이 구원을 얻을 것이다. 천국은 미미하고 조용하게 시작하지만, 나중에는 모든 사람이 인정할 수밖에 없는 규모로 크게 자란다. 예수는 자신의 시선을 이미 나무처럼 크게 자랄 자신의 사역, 제자들의 무리, 그리고 그 너머 종국에 옮기고 계셨다. 양 극점이 어떤 씨보다 작은 겨자씨와 채소보다 더 큰 나무의 대조에 선명하게 표현되어 있다. 큰 미래의 모습은 작은 현재의 존재를 잊게 하고 그 작은 현재에 강한 힘을 부여한다. 따라서 미래의 모습을 미리 말씀하신 겨자씨 비유에는 실망하거나 용기를 잃지 말라는 격려도 포함되어 있다고 보아야 한다.

천국은 발전한다는 개념을 강조해 보자. 가장 작은 겨자씨가 자라나서 모든 채소보다 큰 나무가 되기까지 천국은 꾸준히 성장하는 것이다. 예수의 일이 현재 진행 중이다. 천국의 자녀가 하나 둘 생겨나고 있다. 예수가 이 비유를 말씀하실 때 제자들의 무리는 이미 처음보다는 더 크고 더 분명해져 있었다. 미미하게 시작한 천국이 나무로 자라는 과정을 예수는 자신의 사역에서, 그리고 특히 자신을 따르는 소수 제자에게서 실제로 보고 계셨다. 천국은 먼 훗날의 얘기가 아니었다. 그것은 이곳에서 시작되었을 뿐만 아니라 두 명에서 네 명으로, 네 명에서 열두 명, 백이십 명으로 자라나고 있다. 이렇게 자라다가 천국은 시대와 시대를 거쳐, 그리고 장소와 장소를 넘어 언젠가 큰 나무가 될 것이다.

우리는 예수의 원대한 꿈의 한 시점에 태어나 천국이 큰 나무로 자라는 일에 동참하고 있다. 천국이란 큰 나무의 한 작은 가지쯤으로 부름을 받은 것이다. 예수 한 사람으로 시작한 천국 나무가 시간을 타고 모든 민족, 모든 장소로 자라나는 가운데 우리 시대의 우리나라로 불리는 가지가 된 것이다. 외형적으로만 센다면, 예수를 믿고 섬기는 기독교인들 10억 명 중 한국이란 가지는 천만 명이다. 이천여 년 동안 예수님의 제자로 살았던 사람들을 모두 합치면 천국 나무는 얼마나 크게 자랐을까?

천국은 한 번에 와서 단번에 세상역사에 종지부를 찍는 그런 것이 아니다. 또 천국은 죽어서야 겨우 가는 제 세상, 극락도 아니다. 우리의 삶 위에 군림하는 저 세상이나 초월적 세계는 더욱 아니다. 물론 이런 요소들을 모두 포함하고 있기는 하지만 천국은 예수의 사역으로 이 세상의 실체가 되었다. 세상은 오늘도 변함없이 굴러가지만, 천국은 이미 그 안에 깊숙이 들어와 있다. 천국이 시작되어 계속 자라나고 있지만, 역사는 역사대로 마냥 흘러간다. 인간의 역사 속에 한 이질적 요소가 들어와 있다는 것 바로 그것이 예수가 가르치신 천국이다. 하나님에게서 시작된 예수의 나라. 하나님의 간섭, 하나님의 통치, 하나님의 섭리, 이런 것이 예수의 이름으로 역사에 개입하고 있는 것이다. 우리는 그 거대한 하나님 나무의 한 부분으로 부름을 받았다. 우리는 혼자 부름을 받아 외롭게 이 세상을 살아가는 나그네들이 아니라 이천 년 동안 자라 온, 그리고 얼마간 더 자라날 겨자씨라 불리는 천국의 한 부분으로 오늘 이 한국에서 살아간다.

이 천국은 비록 미미하게 출발했지만, 점점 커져서 전 세계와 전 역사를 채우고 마침내 승리할 것이다. 이 발전 개념에는 후퇴나 쇠퇴가 있을 수 없다. 천국의 그래프는 상승곡선을 그릴 뿐이다. 이천여 년의 기독교 역사를 하강곡선으로나 사이클로 그리는 것은 이 비유에 어울리지 않는다. 하나님의 나라는 승리하기까지 자라날 뿐이다.

 천국을 이렇게 이해한다면 누구도 현재 이 천국의 존재를 부인할 수 없다. 세계 곳곳에 이 천국을 상징하는 십자가와 교회 건물이 있어서 누구나 오라고 손짓하지 않는가! 아직도 가야 할 길이 남아 있지만, 천국 나무가 뻗어가야 할 공간과 시간이 겨자씨의 남은 성장을 재촉하지만, 예수의 비유는 그대로 실현되고 있다. 이런 면에서 다른 비유와 마찬가지로 이 겨자씨의 비유도 그 당시에는 예언이나 예고와 같은 역할을 할 수밖에 없었다.

 그러나 많은 사람이 교회와 십자가와 성경, 찬송가, 그리고 이런 것에 얽혀 있는 천국의 흔적을 뚜렷이 보면서도 이것이 천국이라는 것을, 혹은 천국과 결합하여 있다는 것을 모르고 있다. 더 안타까운 것은 많은 기독교인이 천국에 이미 속해 있으면서도 마치 천국과 아무 관련이 없다는 듯이 여전히 천국을 찾는다. 천국을 사모하고 천국을 동경한다. 생과 사의 경계를 넘어 천국에 갔다 왔다는 사람이 나서면 구름처럼 모여든다. 그래서 천국은 대다수 기독교인에게도 여전히 비밀에 싸여 있다. 모두 잘못된 것이다. 최소한 예수의 비유에 나타난 천국의 비밀을 거부하는 것이다.

몰래 자라는 씨

또 (예수께서) 말씀하셨다. 하나님의 나라는 이렇다. 어떤 사람이 땅에 씨를 뿌리고 밤낮 자고 깨는데 그 씨는 그가 알지 못하는 사이에 싹이 트고 자랐다. 땅이 저절로 열매를 맺게 하는데 처음에는 싹이요, 다음에는 이삭이요, 다음에는 이삭에 꽉 찬 알갱이다. 그러다 열매가 익으면 그는 곧바로 낫을 댄다. 거둘 때가 왔기 때문이다. ⟨막 4:26~29⟩

겨자씨 비유에서 언급한 천국의 발전성 또는 성장 개념을 주요 내용으로 하는 한 비유가 마가복음에 수록되어 있다. 마가복음에는 천국의 비유뿐만 아니라 비유 자체가 흔치 않다. 다른 복음서들과 중복되는 것을 제하고 나면 비밀리에 자라는 씨의 비유가 유일한 천국 비유이다. 마가복음 4장에는 이 비유가 겨자씨의 비유 바로 앞에 수록되어 있으므로 두 비유를 함께 다루는 것이 좋다. 우리는 이 비유를 겨자씨 비유의 보충 내용으로 다룰 것이다.

마가복음에는 마태복음의 하늘나라, 즉 천국과는 다른 용어인 하나님의 나라가 나오는데 같은 것을 지시한다. 학자들의 견해가

분분하기는 하지만 하나님의 이름을 피하고 싶어했던 유대인들이 '하늘'을 하나님의 대용어로 사용하였는데 이것이 마태복음에 채용되었고, 마가복음에서는 하늘나라란 단어가 로마, 그리스 신화에 등장하는 많은 신의 나라로 오해하는 것을 방지하고자 그 뜻을 하나님의 나라로 밝혀 놓았다고 보는 것이 가장 보편적이다.

이 비유에서 예수는 씨나 씨를 뿌린 사람을 천국에 비유하지 않으시고 전체 얘기를 천국에 비유하셨다. 즉 하나님의 나라가 씨를 땅에 뿌리는 것과 같다고 하심으로써 씨를 뿌린 사실을 들어 천국의 비밀을 설명하셨다.

어떤 사람이 땅에 씨를 뿌렸다. 씨 뿌린 사람이 농부였는지 어떤지는 알 수 없지만, 그는 씨를 뿌리는 것밖에는 아무것도 한 것이 없다. 물을 주거나 움을 돋우거나 풀을 뽑지도 않았다. 그러나 씨는 그가 자고 깨고 시간이 흐르는 가운데 자연법칙을 따라 싹이 나고 자라서 이삭이 나고 열매를 맺는다. 씨 뿌린 사람과 상관없이 땅이 저절로 열매를 맺게 하는 것이다. 땅이 씨를 저절로 자라게 하는 이 법칙을 농부들이 이용하는 것이기도 하다. 씨 뿌린 사람은 아무것도 하지 않았지만, 곡식이 익자 곧바로 낫을 대고 곡식을 거둬들인다. 우리에게 익숙한 농사광경은 아니지만 있을 법한 얘기이다.

정상적인 농사광경, 즉 씨를 뿌리고 물을 주고 싹이 나도록 돌보고 풀을 뽑고 벌레를 잡고 하는 농부의 노력을 말씀하지 않으신 이유나 씨를 뿌린 사람이 씨를 뿌렸다는 사실조차 잊어버린 것 같은데 이것이 무슨 의미일까를 캐는 것은 비유 해석에서는 필요하지 않을 뿐만 아니라 잘못된 접근이다. 비유가 보여주지 않는 것에 관심을 두기 때문이다. 비유의 접촉점은 예수께서 말씀하신 부분에서만 찾아야 한다.

앞에서 다룬 겨자씨 비유에서 예수는 천국에 비유하신 씨가 가장 작지만 자란 후에는 큰 나무가 된다고 하심으로써 처음과 마지막을 비교하시고 씨의 성장 과정을 생략하셨는데 이 비유에서는 씨의 성장 과정을 하나하나 열거하셨다. 따라서 천국의 성장 과정을 비교적 자세히 소개하려는 것이 이 비유의 핵심이라고 할 수 있다.

천국은 사람들이 알고 있었던 씨 중에 가장 작은 겨자씨와 같이 나사렛 예수에게서 소리 없이 시작되었기 때문에 사람들은 이 시작을 쉽게 발견하지 못했다. 병 고침과 귀신 축출과 권위 있는 가르침에서 보통 사람들과는 다른 모습을 발견하고 환호하기는 했지만, 이것이 조상 대대로 메시아 대망사상이란 이름으로 기다려 왔던 바로 그 천국의 시작이라는 사실을 알아채지는 못했다. 극소수의 사람들만이 예수를 진심으로 따랐고 그 앞에 무릎을 꿇었다. 그들은 모두 유대인들이었다. 하나님 외에는 다른 신을 섬겨서는 안 된다는 것을 철칙으로 삼고 살았기에 어떤 정복자에게도 고개 숙일 것을 거부했던 유대인들이 나사렛 예수 앞에 절하고 찬송하는 것을 부끄러워하거나 두려워하지 않았다. 전해 받은 책과 전통에만 매이지 않고 예수에게서 보고 듣고 경험한 것에 충실했던 이런 용감한 사람들은 얼마 지나지 않아서 열두 명으로 불어났다. 천국은 오는 것과 동시에 세상의 종말을 의미하리라던 기대와는 달리 미미한 시작이 있었고 조금씩 발전하는 과정이 있었다.

예수께서 활동하시던 당시에 살았던 유대인 대다수는 하나님의 역사 개입을 뜻하는 천국은 기존 역사의 종말을 고할 것이라고 믿었다. 제자들도 예외가 아니었다. 그들의 꿈은 예수께서 왕이 되시고, 그들 중 하나는 영의정, 하나는 좌의정이 되어 열두 보좌에 앉아서 권세를 누리리라는 것이었다. 유대인들이 억압과 전쟁, 고난을 겪으면서 만들었던 묵시문학에 따르면 천국은 이렇게 한 번에 오는 것이다. 천국이 오는 것과 동시에 이 세상이 끝나고 전혀 다른 세상이 시작되는 것이다. 발전이나 성장은 인간의 세계에 존재하는 것이지 천국에 포함될 수 있는 것은 아니었다. 예수의 제자들도 크게 다르지 않았다. 예수의 권능을 보고, 권위적 설교를 듣고, 병과 마귀와 자연만물도 지배하는 사건을 체험할수록 위대한 천국을 향한 욕구와 희망은 부풀어갔다. 예수를 하나님의 아들로 믿으면서 그들의 기대는 절정에 달한다. 그들은 마치 당장에라도 천지개벽이 일어날 것과 같은 착각 속에 하루하루 지내고 있었다. 부활하신 예수를 만났을 때 제자들은 드디어 그때가 왔다고 확신하는 단계에 이르렀다. "주께서 이스라엘을 회복하시는 것이 지금입니까?" 행1:6 예수의 부활 사실은 그들에게는 그런 급격한 변화의 신호탄으로 생각되었던 모양이다.

　그러나 예수의 대답은 전혀 달랐다. 그날과 그때는 아무도 모른다. 천국은 당분간 그렇게 일시에 오는 것이 아니다. 예수는 활동을 시작하실 때부터 이러한 내용을 이미 비유에 담아 말씀하셨다. 천국은 천천히 오는 것이다. 그것은 겨자씨 하나를 뿌리는 것과 같이 눈에 보이지도 않게 시작한다. 씨에서 움이 트고, 싹이 나듯이, 그리고 이 싹이 눈에 잘 띄지도 않게 조금씩 자라나듯이 천국은 자라나는 것이다. 조금씩 성장하고 발전하는 것이다. 예수의 활동을 통하여, 그리고 제자들의 노력과 봉사를 거름으로 삼아서 자라는 것이 천국이다.

　천국이 단번에 나타나고 그때 이 세상의 종말이 될 것이라고 기대하던 그 시대 사람들의 생각과 예수의 비유를 비교해 보면, 전통적 천국관은 예수의 비유에 나타나는 첫 부분과 마지막 부분을 하나의 사건으로 결합한 것과 같은 형태임을 알 수 있다. 예수의 비유에서 이 둘은 서로 멀리 떨어져 있는 다른 사건이다. 둘 사이에는 긴 시간의 간격이 놓여있고 천국은 이 시간의 사다리를 밟아가며 발전해 간다.

　천국은 예수 이전에는 그냥 기다리던 것이었지만 예수의 출현으로 이제 회상할 수 있는 것이 되고 경험할 수 있는 것이 되었다는 것이 여러 비유에 표현된 천국의 비밀이다. 천국을 경험하는 사람은 예수 한 명에게서 시작하여 두 제자에게로, 그리고 다시 네 명, 열두 명, 백이십 명으로, 이 비유를 말씀하실 때도 증가하고 있었다. 예수의 지상 활동이 끝난 후에도 천국은 성장을 멈추지 않았다. 이천여 년의 세월을 지나며 계속 성장한다. 역사는 아직 비유의 범위 안에 놓여있다. 비유의 상황이 여전히 진행 중이다. 싹이 나고 자라서 꽃이 피고 이삭이 나고 익어가는 중이다. 아직 남은 것이 있다면 그것은 천국이 오거나 시작되거나 하는 그런 것이 아니라 이삭이 무르익어 밭걷이하는 것이다.

예수께서 가져오신 천국은 모든 악한 자들이 즉시 멸망하고 경건하고 선한 사람들이 승리의 노래를 부르며 영광을 얻는 결정적 사건이 아니었다. 그것은 나사렛의 한구석에서 시작하여 조금씩 세계와 역사를 정복하는 방식으로 나타났다. 천국은 출발점이 있다. 그리고 성장해 간다. 꾸준히 발전하기만 할 뿐 후퇴나 쇠퇴를 모른다. 이것이 예수께서 비밀리에 자라는 씨의 비유에서 말씀하신 천국의 비밀이다.

천국이 꾸준히 상승곡선을 그리며 완성을 향해 줄달음치고 있다는 교훈은, 그 처음과 마지막 사이에 태어나 사는 그리스도인들에게 즐겁고 행복한 삶을 보장하지는 않는다. 얼마나 많은 그리스도인이 박해를 받았던가! 그들은 박해 속에서 순교의 제물이 되기도 하고, 비참하고 참혹한 현실에서 절망하기도 했으며 "주 예수여 어서 오시옵소서"를 다급하게 외치며 종말론적 천국이 빨리 이 세상 역사를 끝내주도록 하소연하기도 했다. 그러나 천국은 여전히 성장하는 중이다. 사람의 눈에는 천국 자체가 수난의 역사와 영광의 순간을 통과하는 것으로 보인다. 천국을 공격하는 사람들이 있는가 하면 천국으로 뚫고 들어가는 사람들도 있다. 예수의 천국은 이 땅에 와서 스스로 길을 개척해 가는 것이기도 하지만 세상 나라와 권세들에 침노를 당하기도 한다. 이 과정에서 우리는 때로는 정말 종말이 다가왔다고 조바심치기도 하고 때로는 너무 더디게 온다고 불평하거나 느긋하게 삶을 즐기기도 하지만 천국은 여전히 상승곡선을 그리는 중이다. 쇠퇴나 몰락은 없다. 성장이 있을 뿐이다.

효모

예수께서 그들에게 다른 비유를 말씀하셨다. 하늘나라는 어떤 여자가 가져다가 밀가루 서 말에 섞어 넣어서 전체를 발효시킨 효모와 같다. 〈마 13:33〉

효모의 비유는 앞에서 다룬 겨자씨의 비유와 비슷한 내용을 담고 있다. 그러나 차이도 있다. 밭에 뿌려진 겨자씨에 비유된 천국이 여기서는 어떤 여자가 밀가루 속에 갖다 섞은 효모에 비유된다. 겨자씨 비유는 천국에 초점을 맞추어 천국 자체의 성장을 설명하는 데 비해 효모 비유는 이 천국이 외부세계에 미치는 역할과 그 변화 과정을 설명하고 있다. 천국을 하나의 개체로 취급한다는 점에서는 같다. 그러나 겨자씨 비유에서는 이 개체 자체가, 효모 비유에서는 개체 주변의 세계가 두드러진다.

'씨를 뿌렸다', '효모를 집어넣었다'는 표현은 다 같이 천국의 출발을 암시한다. 그러나 이 출발점의 성격은 조금 다르게 나타난다. 예수는 겨자씨 비유에서 '겨자씨'의 작음을 통하여 천국의 그

미미한 시작을 강조하셨는데 이러한 면은 효모 비유에 또렷이 표현되어 있지 않다. 별 힘이 없어 보이는 효모가 밀가루 전체를 바꾸어 놓는다는 것이 이 비유의 주제이다. 예수는 밀가루 속에 섞은 효모에 관하여는 아무것도 말씀하지 않으셨다. 이 비유의 관점은 효모가 아니라 효모가 밀가루에 작용하여 만들어내는 결과 즉 효모로 말미암은 밀가루의 변화에 있다. 천국은 그것이 시작된 곳에 엄청난 결과를 가져온다는 것이다.

예수께서 천국을 효모에 비유하신 이유는 효모가 발효력을 가지는 것처럼 천국도 그 자체에 어떤 고유한 힘을 가지고 있음을 알려주시기 위함이라고 설명하는 사람들이 있다. 그러나 비유는 이런 능력이나 잠재력에 관해서 아무 암시도 하고 있지 않다. 천국이란 예수와 별개로 존재하는 무엇이 아니고 예수를 떠나서는 어디에도 존재하지 않는다는 점을 고려하면 그런 힘은 천국 자체가 아니라 천국을 이 땅에 오게 하신 예수에게 있다고 해야 할 것이다. 예수의 왕권, 왕이심, 왕이신 예수의 인격과 활동이 바로 그런 힘이다. 더 정확하게 표현해 보면, 천국이란 하나님의 구원사역 주체나 객체보다는 그 주체가 객체를 위하여 하는 사역을 지시하는 것이므로 효모가 밀가루를 모두 부풀리는 결과는 예수의 활동과 삶으로 말미암아 나타나는 것을 비유한다.

효모 자체에 관심을 두지 않고 밀가루에 초점을 맞춰보자. 밀가루가 무엇에 대한 비유어일까? 이 비유만으로는 필요한 답을 찾기 어렵다. 그러나 이 비유와 겨자씨 비유의 밀접한 관련성을 토대로 삼는다면 밀가루에 효모를 집어넣었다는 표현은 예수께서 이 세상에 오셔서 천국을 시작하게 하셨음을 뜻한다고 말할 수 있다. 이것은 앞에서 다룬 모든 비유의 출발점이기도 하다.

효모를 섞었다는 표현을 밭에 씨를 뿌렸다는 표현과 같은 것으로 보면 이 효모 비유에서 우리는 씨 비유들의 교훈과 다른 교훈을 하나 추출할 수 있다. 씨와 밭의 관계는 효모와 밀가루의 관계와 같지 않다. 씨에게 밭이 필요한 것처럼 천국에는 이 세상이 있어야 한다. 즉 천국은 이 땅에 존재하는 것이다. 그런데 예수는 이제 천국을 여인이 밀가루를 발효시키려고 섞은 효모와 같다고 하심으로써 세상을 위하여 천국이 존재한다고 교훈하신다. 여인이 효모를 사용하는 목적이 밀가루를 발효시키는 데 있는 것처럼 천국을 이 땅에서 시작하게 하신 목적이 세상에 있다는 것이다. 천국은 세상을 위해 필요할 뿐만 아니라 필수적이다. 왜 그런가? 답을 찾기는 어렵다. 비유가 이 점을 말하지 않고 끝나기 때문이다. 따라서 천국이 세상에 필요하다는 점만 지적하고 일단 멈추자.

한 마디 덧붙인다면, 이 세상에 천국이 시작되는 것은 순전히 예수께서 의도하신 것이요 하나님 편의 일이라는 사실이다. 세상이 천국을 위하여 존재하는 것이 아니라 천국이 세상을 위하여 존재한다. 그것은 인간이 삶의 바퀴 속에서 어쩌다 생각해낸 환상의 유토피아가 아니다. 예수에 의하여 설계된, 하나님이 다스리시는 나라다. 예수는 이 목적을 위해 오셨고 제자들을 부르셨다. 이렇게 시작된 '예수를 믿는 사람들의 모임'을 교회라고 부른다면, 천국은 교회라는 모습으로 왔고 교회는 세상을 위하여 존재한다. 세상이 교회를 위해 존재하는 것이 아니다.

처음에 효모는 작고 별 힘이 없는 것처럼 보인다. 그러나 잠시 후에는 밀가루 전체를 발효시킨다. 갈릴리 호수에 처음 비친 예수의 발걸음은 바로 그런 것이었다. 그러나 이미 수천 년의 역사와 전 인류의 삶이 이 천국에 연루되어 있다. 비유를 말씀하실 때 예수는 이미 이 미래를 보고 계셨다. 오랜 세월이 지난 지금 우리는 그 효모가 유구한 역사의 강을 건너고 지구를 돌아 이 한반도를 밝혔음을 증언한다. 예수의 판단은 옳았다. 우리는 효모가 이 세상을 상당히 많이 발효시킨 그런 시대에 살고 있다.

겨자씨 비유는 천국 자체의 성장을 강조했다. 그러나 효모 비유는 이렇게 성장해 가는 천국이 결국에 가서는 세상 전체를 변하게 바꾸어 놓을 것이라는 교훈을 포함하고 있다. 예수는 작은 이름이었다. 아직도 그 앞에 무릎 꿇는 사람보다는 여전히 침을 뱉고 고함지르고 미워하는 사람들이 더 많은 세상이다. 그러나 더 큰 이름이 되고 언젠가는 가장 큰 이름으로 모두에게 알려질 것이다. 천국이 세상을 가득 채울 날, 모두가 하나님을 인정하고 하나님의 통치에 굴복하는 날이다. 이 세상 전체가 천국의 색채로 물드는 날이다.

밀가루를 발효시킨다는 의미를 우리는 다음의 두 가지로 해석할 수 있다. 하나는 천국과 세상을 대립적 관계로 이해하여 성장하는 천국이 마침내 세상 전체에 그 영향력을 행사하게 된다는 해석이고, 다른 하나는 천국과 세상을 선교적 관계로 이해하여 천국이 세상 전체를 복음으로 정복하게 된다는 해석이다. 전자는 비유에서 효모가 밀가루 전체를 발효시켰다고 하는데도 불구하고 효모와 밀가루 사이에 넘을 수 없는 경계선을 긋는 단점이 있고 후자는 예수의 교훈에 자주 등장하는 종말의 상황, 즉 의인과 악인, 선한 사람과 악한 사람, 천국의 아들들과 사탄의 아들들이 다른 결과에 도달한다는 이중구조에 어울리지 않는 약점이 있다.

예수께서 자주 말씀하신 "인자의 재림"과 그날 있을 것이라는 심판을 생각하면 이 마지막 상황을 조금 다르게 이해할 수 있다. 그날은 독보리는 밖에 버려져 불태워질 것이고 알곡은 하나님의 곳간에 모아질 것이다. 심판을 통해 부정적 부분은 사라지고 긍정적 부분만 남는다. 독보리 없는 알곡만의 세상이 되는 것이다. 이 곳간을 세상이라고 할 수 있을까? 장소성 짙은 단어들이기는 하지만 효모가 밀가루를 모두 발효시켰다는 표현과 통할 수도 있다.

효모 비유에서 세상의 종말과 그 최후의 상태를 묘사하는 것은 무리다. 그러나 효모가 밀가루 전체에 미치는 영향력을 천국 또는 교회가 세상에 작용할 표면적 효과 정도로 생각하는 것은 효모 비유를 너무 약하게 만든다. 천국은 더욱 적극적으로 세상을 복음으로 정복해 가고 마침내 세상 전체를 천국의 영향력 아래로 끌어들일 것이라는 해석이 더 나아 보인다. 세상은 천국이 심기고 자라나는 토양이며 동시에 천국이 목적하는 대상이다. 예수를 믿고 따르는 우리는 효모가 되어 세상을 천국으로 만들어가는 일에 동참하고 있다.

밭에 숨겨진 보화

하늘나라는 밭에 숨겨져 있는 보물과 같다. 어떤 사람이 그것을 발견하자 숨겨 두고 기뻐하며 가서 자기가 가지고 있는 것들을 모두 팔아 그 밭을 산다. (마 13:44~46)

예수께서 활동하시던 당시 이스라엘 사람들이 기대했던 천국은 그들을 지배하던 로마 제국과 헤롯 왕가의 멸망, 하나님의 백성 이스라엘의 회복, 신정정치로의 복귀, 이 기존 역사의 종말 등 일대 변혁적 사건이었다. 사람들은 이러한 일은 한 인간이 아니라 하나님만이 하실 수 있다고 생각하며 하나님의 강력한 주권적 개입이나 그 일을 대행할 모세나 다윗 같은 신적 인물의 출현을 기다리고 있었다.

세례 요한이 '천국이 가까이 왔다'고 외치며 회개의 세례를 전파할 때 사람들은 이런 천국을 생각하면서 그에게 와서 세례를 받았다. 세례 요한의 설교도 이런 종말론적 색채를 띠고 있었다. 그에게 천국은 다가오는 진노눅3:7를 뜻했다. 그는 자신의 때를 나무꾼이 휘두르는 도끼가 나무뿌리 부근에 막 닿은 것처럼 긴박한 상황으로 이해했고 다급하게 회개를 촉구했다. 좋은 열매를 맺지 않는 나무마다 곧 찍혀 불에 던져진다눅3:9고 사람들에게 경고했다. 잠시 후 그의 설교는 장차 오실 메시아에 대한 예언으로 바뀌지만, 심판과 관계된 긴장 분위기는 달라지지 않았다. "그분은 너희에게 성령과 불로 세례를 주실 것이요 손에 키를 가지고 자기 타작마당을 깨끗하게 하여 알곡은 자기 곳간에 모으시지만, 쭉정이는 꺼지지 않는 불로 태우실 것이다."눅3:16~17

세례 요한이 예고했던 메시아 예수가 오셨지만, 종말론적 사건들은 나타나지 않았다. 예수와 함께 눈에 보이는 종말도 심판도 오지 않았다. 예수의 손에는 나무뿌리를 향해 세차게 휘두르는 날선 도끼도 쭉정이를 멀리 날리는 키도 쥐어져 있지 않았다. 예수도 같은 천국, 가까이 와있는 천국의 선포로 활동을 시작하셨으나, 세례 요한과는 달리 그는 종말과 심판이 아니라 은혜와 용서의 때를 선언하셨다. "눈먼 사람들이 보고, 저는 사람들이 걷고, 문둥병자들이 깨끗해지고, 귀먹은 사람들이 듣고, 죽은 사람들이 살아나고, 가난한 사람들에게 복음이 전해진다."마11:5 예수는 준엄한 심판이 아니라 당분간 병자들을 고치시고 귀신을 쫓아내시며 가난한 사람들과 동고동락하시며 복음을 전하셨다. 세례 요한의 설교를 기준으로 삼을 때, 예수에게 초점을 맞추면 메시아는 이미 왔고 천국은 그렇게 이미 시작되었다고 해야 한다. 그러나 요한이 예언한 사건에 초점을 맞추면 종말과 심판은 아직 오지 않았고 예수는 이 세상에 천국을 몰고 오신 분이 아니라 아직 오지 않은 천국을 예언한 선지자의 하나라고 해야 한다.

　세례 요한의 심정이 어떠했겠는가? 그는 죽기 직전에도 예수가 과연 자신이 예언했던 그 메시아인지 아닌지를 놓고 고민하고 있었다. 제자들을 보내서 예수께 직접 질문을 던지기도 했다. "당신이 오시는 그분입니까? 아니면 다른 분을 기다릴까요?"마11:3 이것은 당시 유대인 모두가 예수를 만나며 가졌던 의문이기도 하다. 예수는 그들이 가지고 있던 메시아 기대와 종말론에 잘 들어맞지 않았던 것이다. 그들은 그래서 계속 질문할 수밖에 없었다. 천국은 왔는가 오지 않았는가? 이적을 행하고 거부할 수 없는 설교를 쏟아내는 예수는 과연 누구인가? 대부분 사람은 사건에 초점을 맞추고 예수를 메시아로 인정하기를 거부했다. 자신들의 천국관을 고수한 것이다. 예수에게 초점을 맞춘 사람들은 예수를 메시아로 믿고 그를 따랐다. 이 세상의 종말과 하나님의 심판이 예수의 오심으로 당장 실현되지는 않았지만, 그들이 예수에게서 보고 들은 것 속에서 그 가능성을 보았던 것이다. 물론 제자들은 예수를 따르면서도 쉽게 그들의 천국관을 포기하지 못했다. 잠깐 그 시각이 늦어지고 있을 뿐, 그날이 곧 오리라고 믿고 있었다. 예수의 천국관은 사람들이 기다리거나 요청했던 그러한 천국은 아니었다. 예수는 비유를 통하여 사람들의 기대 속에 동시간적 사건으로 결합하여 있던 메시아의 오심과 심판을 두 사건으로 분리하고 그 사이에 긴 시간 간격이 있음을 알리는 것이었다. 예수는 당시 사람들의 천국관을 교정하려 하셨다거나 자신의 천국관으로 대체하려 하셨다고 말할 수 있다.

예수의 천국관은 당시의 유대인들에게는 완전히 생소한 것이었을 뿐만 아니라 그들이 기대하던 것과 전혀 다른 것이었다. 천국이 작은 씨 하나나 효모에 비교되는 것을 누가 제대로 이해할 수 있었을까? 이런 천국관을 배우고 기존 천국관을 버리는 것이 예수의 제자들에게는 쉬웠을까? 우리의 머리에도 천국은 모든 좋은 것들을 다 가진 최상의 장소요 최상의 상태다. 그것은 파라다이스 개념처럼 우리가 알고 경험하는 모든 부정적인 것을 다 배제하고 모든 최상의 것들로 가득 채운 영원한 나라다. 예수의 비유들은 천국의 비밀을 제대로 이해하는 사람에게도 가히 충격적이다. 기대하고 열망하던 모든 좋은 것들을 포기하게 하기 때문이다.

예수께서 천국을 미미하게 겨자씨처럼 그리고 작은 효모 덩이처럼 시작한다고 비유하셨다는 것 때문에, 이 천국은 별 가치도 없는 것으로 생각해서는 안 된다. 베들레헴 태생의 목수나 나사렛 출신의 시골뜨기에게서 시작했으므로 누구에게나 그렇게 보일 수는 있다. 당시 지도자들은 예수를 이런 시각으로 판단하며 나사렛에서 무슨 좋은 것이 날 수 있느냐고 비웃고 있었다. 그러나 미미한 시작 때문에 질적으로도 시시한 것으로 생각하는 것은 인간의 무의식이 만들어내는 실수요 오류다. 예수는 천국이 작은 시작에서 조금씩 자라는 것이기는 하지만 무엇보다도 귀한 가치가 있음을 알리시고자 밭에 숨겨진 보화와 진주를 찾는 상인의 비유를 첨가하셨다.

　사람들이 이 천국을 무시하거나 감지하지 못할 것을 우려하신 예수의 소심한 배려일까? 우리는 앞에서 이것이 예수께서 얼마 동안 겪으신 실제 상황이었음을 확인했다. 복음서에 등장하는 그 많은 사람 중에 대부분은 예수에게 왔다가 그냥 떠나가고 말았다. 예수를 소홀히 대함으로써 결과적으로 천국을 놓친 것이다. 아무도 예수의 입에서 천국의 말씀이, 하나님이 수천 년 동안 감추어 오셨던 비밀이 터져 나오고 있다고는 생각하지 않았다. 후에 마태는 이때를 회상하며 "예수가 입을 열어 말씀하셨다"마5:1고 기술해 놓았다. 예수의 그 입을 특별히 강조한 것이다. 하지만, 막상 그때는 제자들도 예수의 교훈이 그런 것인 줄 알지 못했다. 사람들은 뭔가 다른 권위를 느끼면서도 말씀을 듣고 즐거워하며 따라다닐 뿐 그것을 마음에 간직하고 지키려는 사람들은 별로 없었다. 병이 낫고 귀신이 쫓겨나는 기적을 보면서도 제자가 되어 예수를 따르는 사람들은 극소수에 지나지 않았다. 천국의 왕으로 오신 예수는 귀중한 분으로 영접받지 못했다. 하나님의 백성이라고 자부하던 유대인들, 동족에게서 온 이 푸대접, 무시, 무관심은 천국이 눈에 보이지도 않게, 겨자씨처럼 시작되었기 때문이다. 이렇게 보면 사람들의 무감각한 반응은 어쩌면 당연하다. 사람들이 그를 어떻게 몰라보았느냐가 아니라 어떻게 알아보았느냐가 더 신기한 일이다. 그렇다고 하더라도 진짜 천국이 시작된 것이므로 예수에 대한 무관심, 무시, 경멸, 조소, 비난, 오해, 곡해, 미움, 시기, 모함 등의 태도는 사람들의 잘못으로 기록될 수밖에 없다. 예수는 밭에 숨겨진 보화의 비유와 진주를 찾는 상인의 비유로 사람들이 하나님을 대하는 허술한 태도를 지적하시면서 동시에 미미한 시작 때문에 놓치기 십상인 귀중한 천국의 시작을 똑바로 직시하도록 경고하셨다.

예수는 천국의 귀중성을 절대적이거나 객관적인 가치로 묘사하지 않으셨다. 당시에는 오늘날과 같은 가치체계나 기준조차도 마련되어 있지 않았다. 아니, 천국의 가치를 객관적, 절대적으로 표현하는 방법이 있기나 한 것일까? 천국을 이런 방식으로 표현하는 것은 잠깐은 굉장하게 보여도 곧 진부하게 느껴지기 마련이다. 밭에 숨겨진 보화 비유와 진주를 찾는 상인 비유에서 예수는 천국의 가치를 주관적 방법으로 설명하셨다. 보화와 진주를 발견한 사람이 그것을 얼마나 귀중히 여겼는지, 진가를 알고 소유하기를 열망하는 사람으로서 평가하는 방법이다. 비유에 등장하는 두 사람의 처지를 떠나면 천국의 가치를 설명할 방법은 어디에도 없다. 우리는 보화와 진주의 가격을 수치로 환산하고 따지는 방법이 아니라 이것을 발견한 사람이 그것을 손에 넣으려고 하는 행동을 따라가는 방법으로 비유를 분석할 것이다.

먼저 밭에 숨겨진 보화의 비유를 살펴보자. 주인공으로 등장하는 인물은 자기 밭을 소유하고 그 밭에서 땀 흘리며 농사짓는 농부가 아니다. 남의 밭을 빌려서 농사를 짓는 소작인이거나 품팔이 노동자이다. 그는 밭에서 일하다가 땅에 보화가 묻혀 있다는 사실을 발견한다.

땅에 보화를 묻어두는 것은 당시에는 낯선 일이 아니었다. 은행의 비밀금고나 귀중품 보관소가 곳곳에 있는 지금과는 달리 당시 보물을 보관하는 가장 안전한 장소는 자기 소유의 집 뜰이나 밭이었다. 혼자만 아는 곳에 보물을 몰래 묻어 두었다가 필요할 때 파내서 쓰는 풍속도는 당시 널리 알려진 비밀이었다. 그렇지만, 불행하게 보물의 주인이 죽게 되면 보물은 누구의 것이 되는가? 아는 사람도 없고 보물의 주인도 없다. 후에 그 밭을 소유하는 사람은 밭의 소유주이기는 하지만 숨겨진 보물의 소유주는 아니다. 그렇다고 보물을 발견한 사람이 소유주가 될 수도 없다. 자기 땅이 아니기 때문이다. 이러면 아무도 모르는 보물을 합법적으로 소유하는 방법은 밭을 사는 것이다. 예수는 이런 주인 없는 보화를 비유로 사용하신 것으로 보인다. 밭주인이 감춰둔 것이라면 얘기가 이상해진다. 자기 보화를 밭 값만 받고 팔 리가 없기 때문이다.

비유를 계속 따라가 보자. 밭에 숨겨진 보화를 발견한 일꾼은 누가 볼세라 얼른 흙을 다시 덮어두고 급히 집으로 돌아가서 평소에 그렇게 귀중히 여기던 재산을 모두 팔아치운다. 그리고 조금 전까지 삯을 받으려고 일하던 그 밭을 통째 사버린다. 보물에 관한 얘기는 입 밖에도 내지 않았을 것이 틀림없다. 만약 돈이 모자란다면 가능한 모든 방법으로 빌려오기라도 했을 것이지만 예수의 비유는 모든 소유를 다 팔아서 그 밭을 샀다는 것에서 끝난다.
이 비유의 핵심은 보화를 발견한 일꾼이 돌아가서 자신이 가진 모든 것을 팔아 그 밭을 샀다는 행동에 놓인다. 그가 그렇게 한 이유는 밭에 묻혀 있던 보화 때문이다. 그는 사실 밭에는 관심이 없었다. 보화가 그의 관심사였다. 보화가 너무 귀중했기 때문에 이런 것 저런 것 따질 필요도 없이 모든 것을 팔아치우고 어떤 대가를 치르더라도 기어이 밭을 소유한다. 밭을 삼으로 보화도 자연히 그의 것이 된다.

예수는 천국을 밭에 숨겨진 보화에 비유하셨다. 밭 속에 숨겨져 있는 보화, 모든 것을 팔아 그 대가를 치러도 좋을 보화와 같은 것이다. 가장 귀한 것, 모든 것을 다 주고라도 손에 넣어야 할 귀중한 것, 그것이 천국이다. 천국이 예수와 관련되어 있다는 것을 토대로 한다면 천국의 가치나 귀중성에 관한 얘기는 곧 나사렛 예수 자신의 귀중함이나 자신을 믿는 믿음의 가치에 관한 얘기이다. 예수는 이 비유에서도 결국 자신에 관하여 교훈하셨다. 밭에 숨겨진 보화의 비유는 예수와 사람들이 맺은 긍정적 관계가 얼마나 귀중한가를 알리시려는 비유이다.

숨겨져 있다는 표현을 주목해 보자. 예수의 비유를 따르면 천국은 값진 보화와 같은 것이기는 하지만 아무도 모르게 감추어져 있다. 왜 숨겨져 있는 보화에 천국을 비유하셨을까? 예수로 말미암아 시작된 천국을 아무도 모르기 때문이다. 예수의 활동으로 이미 시작되었지만 믿는 사람이 없다. 모두가 자신이 가진 선입관념, 당시의 종말론적 천국관을 따라 예수의 활동과 인격을 저울질할 뿐, 눈에 보이는 예수와 그 예수가 주는 교훈을 천국의 말씀으로 받아들이지 않았다. 선입견을 고집하는 한 천국은 눈에 보이지 않는다. 그렇다면, 사람들의 예상과는 달리 예수에게서 미미하게 시작하는 천국이 사람들이 천국을 발견하지 못하게 하는 일차적 원인이다.

  예수께서 천국에 관한 자신의 비유를 천국의 비밀을 알려주는 것이라고 부르신 것은 위에서 말한 외형적 원인 외에, '숨겨짐'이 천국의 본질에 속하는 한 특성이라는 것을 암시한다. 천국은 본래부터 감추어져 있는 것이다. 하나님은 자신의 사역을 아무에게나 공개하시거나, 아무나 찾을 수 있도록 무방비상태로 두지 않으셨다. 이것은 구약시대부터 잘 알려진 사실이기도 하다. 하나님은 모세에게만 시내산을 오르도록 허락하셨다. 거룩한 지성소에 들어가는 것은 일 년에 한 번 대제사장에게만 허용되었다. 하나님을 알 만한 것이 사람들의 본성에 새겨져 있다롬1:1는 바울의 진술은 한계가 있는 것이다. 예수께서 오심으로 새 시대가 열렸지만, 천국 즉 하나님의 사역의 이러한 특징은 조금도 바뀌지 않았다. 예수로 말미암아 시작되는 하나님의 새로운 구속사역도 누구에게나 허락되어 있지는 않다. 하나님의 일에 접촉한다고 해서 자동으로 하나님의 축복을 전폭적으로 경험하는 그런 교리는 없다. 하나님은 숨어 계신다. 천국도 모두에게 가리어져 있다. 숨겨져 있는 것이 천국의 본질이다. 다만, 예수를 믿는 사람에게 천국은 비로소 그 문을 열기 시작한다. 예수를 믿는 자들에게 천국의 비밀이 주어진다.

밭에서 일하다가 우연히 보화를 발견한 일꾼처럼, 베드로와 안드레는 배 위에서 그물을 손질하다가 갈릴리 해변을 거니시는 예수를 만났다. 그들은 '나를 따르라'는 예수의 음성을 듣고 바로 그날부터 천국의 아들이 된다. 요한과 야고보도 같은 날 열심히 일하다가 우연히 보화를 발견한다. 모든 것을 팔아 밭을 샀다는 농부처럼 네 사람은 배도 아버지도 생업도 뒤로하고 예수의 뒤를 따르는 천국의 아들들이 되었다. 다른 제자들도 마찬가지였다. 예수를 따르는 제자로서의 삶이 천국의 시작에 함께하는 것임을 누가 예상이나 했겠는가! 그들이 기대하고 소원한 일들이 일어난 것이 아니다. 천국은 사람들이 좋아하고 열망하는 대로 오지 않았다. 천국의 시간표는 예수의 삶과 의도에 매여 있을 뿐이다. 그래서 예수의 작은 말 한마디에 감히 항거하지 못하고 따라나선 것이 천국이었다.

세상은 처음 만들 때나 다름없이 굴러가고 있다. 그런데 그 역사의 한 시점에 천국이 시작되었다. 나사렛이란 작은 시골에서 망치질하던 목수가 이 땅에 천국을 가져오리라고 누가 생각이나 했겠는가? 어느 날 홀연히 가버나움 옆집으로 이사 온 한 범상한 청년에게서 천국이 시작되었다면 누가 믿겠는가? 하나님의 계획은 알려진 것 같으면서도 감추어져 있었다. 예수가 자라나며 천국을 준비하고 계셨을 때만이 아니라 망치를 팽개치고 활동을 시작하셨을 때나 십자가를 지시고 부활하셨을 때에도, 아니, 천국이 성장하여 거대한 나무가 되고 밀가루 전체를 부풀리는 지금도 천국은 여전히 감추어져 있다. 예수의 제자들은 바로 그때 그곳에 살다가 우연히 예수를 만나고 믿는 사람이 되었기 때문에 막 시작하는 천국의 화려한 출연진이 될 수 있었다. 예수를 보고 그의 설교를 들은 사람들 모두는 아니었다. 예수를 만났어도 그분을 보화라고 느낀 사람은 많지 않았다. 이 비유를 가지고 예수는 자신을 믿고 따르는 사람들을 밭에서 발견한 보화를 소유한 사람에 비유하시며 격려하신다. 예수를 놓치는 사람들을 보물이 괭이에 부딪치는 소리를 들으면서도 그것을 손에 넣을 줄 모르는 사람들로 경고하신다. 천국은 이제 보화처럼 손에 쥘 수 있는 것이 되었다. 그것은 우리의 모든 것을 다 팔아서라도 손에 넣어야 하는 값지고 귀한 것이다. 그렇게 천국을 소유하라고 권고하신다. 이것이 밭에 숨겨진 보화 비유가 주는 교훈이다.

천국은 가장 값진 것이다. 우연히 눈에 띄었어도 그것은 보석이요, 아무리 진흙투성이로 뒤범벅되어 있어도 그것은 노다지다. 일꾼은 그것을 알아보자마자 가서 모든 것을 팔아 밭을 샀다. 가진 것 모두를 팔았다는 표현에서 우리는 이 천국이 무엇보다도 귀중한 것이라는 예수의 외침을 듣는다. 길을 가다가, 혹은 집에서, 직장에서, 지하철 속에서 우연히 부딪쳐오는 천국. 성경을 읽다가,

그냥 교회에 왔다가, 아무렇게나 구겨져 팽개쳐진 전도지 한 장을 주워 읽다가 우연히 만나는 예수. 오늘도 우리가 알 수 없는 방법으로 우리를 찾아와 때 묻은 손을 내밀며 다가오는 하나님의 나라. 그 천국은 우리에게 가장 귀한 것이다. 불의와 부정, 혼란과 무질서의 세계, 돈과 성과 명예의 광란이 이는 지구촌 어디엔가 보화가 묻혀 있다. 천국이 와 있다. 이천 년 전보다 더 큰 천국이란 보화!

  우리에게 묻어 있는 온갖 인간의 먼지를 털어내고 그래도 이것이 바로 그 보물이라고 말할 만한 것이 우리에게 있을까? 교회를 둘러싼 모든 인위적 허울들을 벗겨 내고 이것이 그 천국이라고 내보일 수 있는 것, 그것을 우리는 가지고 있는가? 괜히 예수의 이름만 들먹거리는 것 아닐까? 내게, 또 우리에게 그것은 무엇일까? 예수께서 뜻하신 그 보화, 그 천국, 모두를 팔아서라도 소유해야 할 하나님의 나라, 그게 남아 있을까? 정말 모든 것을 포기할 수 있다면 확연하게 만질 수 있지 않을까? 그러나 우리는 마음속에 다른 보물들을 너무나 많이 묻어두고 있다. 현대 사회는 가장 귀한 것, 그 천국을 위하여 아무것도 포기하지 못하게 만든다. 아니, 버리라고 하신 것들을 더 많이 마련하고 신앙의 이름으로 거룩하게 포장하며 예수의 뒤를 따른다. 따른다고 착각하는 것, 따르는 척하는 것 아닐까? 우리도 모르는 사이에 우리 것이 되어버린 천국이 개에게 던져진 보석이나 돼지우리에 떨어진 진주처럼[마7:6] 점점 빛을 잃어가고 있다면? 정말 그렇다면 이 비유는 우리에게도 심각한 도전이 된다.

천국은 가장 값진 것이다. 따라서 천국은 우리의 가장 귀중한 것을 요구한다. 천국도 손에 넣고 세상의 모든 좋은 것들도 함께 갖는 행복을 이 비유는 인정하지 않는다. 예수는 우리에게 자녀와 부모, 집과 부와 명예와 권세, 그리고 이기심과 자만심과 욕심과 야망, 심지어 목숨도 버리고 각자 자기 십자가를 지고 따르기를, 한 알의 썩어져 가는 밀알로 살라고 요구하신다. 예수께서 인간의 몸으로 앞서 가실 때 제자들은 정말 모든 것을 버리고 뒤따를 수밖에 없었다. 영으로만 우리를 찾아오시는 지금 모든 것을 버릴 수는 있어도 예수의 뒤를 따를 수가 없다. 어디로 어떻게 가야 하는가? 아무것도 버리지 못하면서 버린 것처럼 생각하고 행동하며 예수를 믿고 온 힘을 다해 살아가는 이것으로 충분할까? 모두를 버리고 세상을 떠나는 그날까지 우리의 방황은 계속될 것이다. 밭에 숨겨진 보화의 비유는 어느 순간에나 우리의 삶을 재는 저울이 된다. 또 예수에게 명확한 태도를 표명하지 않고 계속 주저하는 사람들에게 결단을 촉구하는 역할을 한다.

진주를 찾는 상인

또 하늘나라는 좋은 진주를 찾아다니는 상인 한 사람과 같다. 값진 진주 하나를 찾게 되자 가서 자기가 가진 것들을 모두 팔아서 그것을 샀다. 〈마 13:45~46〉

진주를 찾는 상인의 비유는 앞에서 다룬 밭에 숨겨진 보화의 비유와 짝을 이룬다. 두 비유 사이에는 일맥상통하는 점도 있지만 무시할 수 없는 차이점들도 있다. 천국은 가장 귀한 것이기 때문에 자신의 모든 것을 희생하는 한이 있더라도 누구나 이 천국을 소유해야 한다는 교훈이 두 비유가 가지는 공통점이다. 그러나 밭에 숨겨진 보화의 비유에서는 보화가 천국을 설명하는 개념인데 반해 진주를 찾는 상인의 비유에서는 천국이 진주가 아니라 진주를 찾는 상인에 비유된다. 또 일꾼이 우연히 숨겨진 보화를 발견하는 데 비해 상인이 좋은 진주를 열심히 찾던 중에 최상품의 진주를 발견한다는 것도 두 비유의 차이점이다. 밭에 숨겨진 보화의 비유에서는 천국에 대한 인간의 태도가 수동적이었는데 반해 진주를 찾는 상인의 비유에서는 인간의 능동적 태도와 열심이 강조되어 있다.

천국은 하나님 편에서 일방적으로 시작하신 것이지만 순전히 하나님에게만 달려 있는 것은 아니다. 하나님의 일은 인간의 반응, 즉 하나님의 일에 대한 응답을 요구한다. 사람은 처음에는 수동적 태도로 하나님의 행동이 나타나기를 기다리는 수밖에 없지만, 그럼에도 적극적 동반자로 하나님의 구속사역에 참여한다. 이 표현이 너무 강해 보이면 하나님은 사람의 전인적 기능을 사용하신다고 말해도 좋다. 밭에 숨겨진 보화의 비유에서는 일꾼이 일단 보화를 발견한 다음에 그 보화를 소유하고자 적극적으로 움직인다. 이 점은 진주를 찾는 상인의 비유에서도 마찬가지이다. 즉 그도 진주를 사려고 자신의 모든 것을 다 판다. 그러나 보화나 진주를 발견하기 전의 행동은 달랐다. 일꾼은 우연히 보화를 발견하지만, 상인은 진주를 찾다가 발견한다. 밭에 숨겨진 보화 비유에서 보면 천국은 인간 편에서 찾는 것이 아니라 다만 발견하는 것이다. 하나님께서 스스로 혼자 시작하신 것이 하나님의 구속사역이다. 그래서 인간은 이것을 보고 듣고 느끼며 인정하는 정도로 밖에는 달리 하나님의 구속사역에 참여할 길이 없다. 진주를 찾는 상인은 다르다. 애써 진주를 찾는다. 그러다가 값진 진주를 발견한다. 사람이 하나님의 도움과 은혜를 열심히 찾아 헤매는 존재로 그려져 있는 것이다. 하나님의 구속사역은 하나님만이 하시는 일이기는 하지만 사람은 기도하고 기다리다가 발견하는 방식으로만

이 아니라 자유의지를 가지고 자발적으로 하나님의 사역을 찾아 나서는 적극적 응답자로 개입한다는 사실을 보여준다. 이런 점에서 밭에 숨겨진 보화의 비유와 진주를 찾는 상인의 비유는 예수로 말미암아 이 세상에 시작된 천국에도 이 양면성의 원리가 그대로 적용되고 있음을 보여주는 상호보완적인 비유들이다.

  어떤 상인이 있었다. 그는 곳곳을 돌아다니며 좋은 물건들을 구해 팔고 먹고사는 사람이다. 이 상인의 꿈은 당시 최고의 보물로 간주하던 아름다운 진주를 손에 넣는 것이다. 그래서 그는 가장 크고 좋은 진주를 찾아 오랫동안 방방곡곡을 누비며 다녔다. 그러다가 값진 진주를 하나 발견하자 자신의 전 재산을 팔아서 그것을 손에 넣었다. 예수는 천국을 이 상인에 비유하셨다.

  예수께서 이 비유로 말씀하시려고 하신 것은 밭에 숨겨진 보화의 비유와 조금도 다르지 않다. 천국은 가장 값진 것이다. 그렇기 때문에 천국을 위해 어떠한 값을 치르더라도 아깝지 않다. 우리의 전 생애를 바쳐도 그것을 소유하는 것이 더 급하고 더 귀중하다. 천국은 가장 좋은 것이기 때문에 우리에게 있는 가장 좋은 것을 요구한다. 그러나 이 비유에서는 천국을 진주를 찾는 상인에게 비유하셨기 때문에 다음과 같은 말을 덧붙여야 한다. 천국은 가장 귀한 것이기 때문에 인간으로 하여금 온 힘을 다해서 찾고 두드리고 구할 것을 요청한다. 이 비유에는 천국을 찾는 인간의 적극적 열망과 노력이 첨가되어 있다.

천국 개념은 크게 세 가지 요소를 포함한다. 왕, 백성, 백성을 위한 왕의 일이다. 물론 이 세 가지로 천국에 내포된 내용을 다 말할 수는 없지만, 천국의 개괄적인 모습은 충분히 그려낼 수 있다. 씨와 관련된 비유들은 예수를 천국의 왕으로 그리며 왕의 출현, 활동, 그 결과를 묘사하는 것이다. 그런데 우리는 앞에서 씨와 관련된 비유들을 해석하며 예수의 활동만이 아니라 그 대상, 즉 백성을 필수적 요소로 등장시켰다. 예수를 믿고 따르는 사람들, 즉 제자들을 천국 개념을 구성하는 중요 요소로 파악한 것이다. 진주를 찾는 상인의 비유는 천국을 예수나 예수의 사역이 아니라 예수를 믿는 사람들을 직접 천국이라고 부르는 비유이다.

어떤 사람은 베드로, 안드레, 요한, 야고보처럼 생각지도 않은 때에 우연히 예수를 만나서 어쩔 수 없이 천국의 자녀가 된다. 그러나 어떤 사람은 애써 하나님을 찾아 헤매다가 그 긴 여정 끝에 천국의 자녀가 되기도 한다. 탐구의 길은 직접 하나님을 찾는 것으로 나타나기도 하고 고뇌 찬 영적 방황으로 나타날 수도 있다. 하나님은 어디 계신가? 어디서 영혼이 평안을 얻을 수 있는가? 어떻게 하면 영생을 얻을 수 있는가? 죽음 이후의 삶이 과연 있을까? 마치 예수께 달려와 무릎을 꿇고 애원하며 영원한 삶을 갈구했던 한 청년처럼 하나님을 향한 오랜 방황 후에 예수를 만나는 사람도 있다. 천국은 그에게도 가장 값진 것이다. 예수는 "모든 것을 팔아 가난한 사람에게 주고 나를 따르라"고 그를 부르셨지만, 그는 그렇게 하지 않았다. 물질에 매여 근심하며 예수를 떠나가고 말았다.^{마19:22} 오히려 고귀한 천국을 포기한 것이다. 유한한 인생은 하나님에게 목말라 있다. 세상의 온갖 잡동사니로 마음을 가득 채웠다가 어느 순간 그 모두를 쓸어내고 천신만고 끝에 예수에게 도달하는 경우이다. 그렇게 예수를 만나고 마지막 순간에 천국을 발견해도 천국은 가장 귀한 것이다. 진주를 찾는 상인의 비유는 이런 종류의 사람들을 부각시키고 천국을 위하여 결단하기를 촉구하는 비유다.

예수는 쌍둥이 비유란 별명을 얻은 두 비유, 땅에 숨겨진 보화의 비유와 진주를 찾는 상인의 비유를 통해서 비록 자신은 초라한 나그네의 모습을 지니고 있지만, 자신을 믿고 의지하고 따르는 사람들은 확실히 바른길에 들어 서 있고 정확하게 하나님의 아들을 만났으며 그들의 전 생애를 자신에게 바쳐도 조금도 아깝지 않음을 가르치셨다. 천국은 가장 값진 하나님의 선물이기 때문이다. 예수는 비슷한 말씀을 직설법으로 말씀하신 적도 있다. "그러므로 누구든지 사람들 앞에서 나를 시인하면 하늘에 계신 내 아버지 앞에서 나도 그를 시인할 것이지만 누구든지 사람들 앞에서 나를 부인하면 하늘에 계신 내 아버지 앞에서 나도 그를 부인할 것이다. 내가 땅 위에 평화를 던지러 온 줄로 생각하지 마라. 평화가 아니라 도리어 칼을 던지러 왔다. 나는 사람을 자기 아버지에게서, 딸을 자기 어머니에게서, 며느리를 자기 시어머니에게서 갈라놓으러 왔기 때문이다. 사람의 원수가 자기 집안사람들일 것이다. 아버지나 어머니를 나 이상으로 사랑하는 사람은 내게 맞지 않고 아들이나 딸을 나 이상으로 사랑하는 사람도 내게 맞지 않다. 또 자기 십자가를 지지 않고 내 뒤를 따르는 사람도 내게 맞지 않다. 자기 목숨을 찾은 사람은 그것을 잃을 것이요, 나 때문에 자기 목숨을 잃은 사람은 그것을 찾게 될 것이다."마10:32~39 예수를 믿는 것, 예수를 따르는 것, 예수를 섬기는 것, 이런 것이 인생에서 가장 귀중한 것이다. 예수가 천국의 비밀이기 때문이다.

　예수는 당장 가정과 직장을 버리고 자녀와 부모를 떠나라고 하지 않으셨다. 예수를 위하여 무거운 나무 십자가를 만들어지고 걷다가 스스로 목숨을 끊어야 한다는 말씀도 아니다. 이 모두가 하나님이 우리에게 주신 선물 아닌가! 이런 것을 전혀 가지지 못한 사람도 하나님을 거역하며 하나님 없이 살아갈 수 있다. 아무것도 소유하지 않아도 인간은 누구보다 교만하고 누구보다 악하게 살아갈 수 있고 예수를 싫어하며 그의 나라를 대적할 수 있다. 이와 반대로 평범한 인간으로 살아가면서 예수를 믿고 따르며 마음이 가난한 자로, 애통한 자로 하나님을 의지할 수 있다. 천국의 백성으로 살아가는 것은 아직은 이 세상 안에서의 얘기다. 엄밀하게 따질 때 인간적 관계와 물질의 소유 문제가 아니다.

　우리 인간의 어리석은 마음이 늘 거치적거리는 방해물이다. 아빠가 사다 주신 사탕 한 알과 아빠를 비교하고 쉽게 사탕에 집착하는 것처럼 인간의 마음이 하나님을 돈과 비교한다. 하나님이 주신 세계에 살면서도 창조주 하나님은 잊고 눈에 보이는 세상만을 보는 우리의 마음이 문제다. 예수는 그래서 두 주인을 섬기지 말라고 하셨다. 하나님이 아브라함에게 이삭을 바치라 하신 것은 인간 제물이 필요해서가 아니라 선물을 주신 하나님을 선물보다 더 귀중히 여기는지를 시험하시려는 것이었다. 하나님을 외면하고 예수를 저주하게 하는 것도 인간의 마음이다. 교만도 마음에서 나온다. 아니, 모든 악이 인간의 마음의 창고에서 튀어나온다. 하늘까지 높아지고 싶어 하는 것이 인간의 마음 아닌가! 마음은 우리를 지옥으로 몰고 가면서도 잘하고 있다고 우리를 부추긴다. 천국과 세상을 저울질하게 하는 것도 인간의 마음이다. 그러나 천국은 가장 값진 하나님의 선물이다. 따라서 예수는 인간의 이기심, 자만심, 자존심, 심지어 자유와 욕망을 포기하면서까지도 천국을 소유해야 한다고 충고하셨다.

밤하늘을 수놓는 엄청난 수의 네온사인 십자가를 보면서, 예수에게서 외롭게 시작된 그 천국이 내게도 가장 값진 것이라고 뇌어 볼 수 있을까? 우리 인생을 그 십자가 붙들어 매어도 아깝지 않다고 중얼거릴 수 있을까? 진주를 찾는 상인의 비유는 마음 깊이 남아 있는 예수보다 더 귀중하게 여기는 모든 것을 버리도록 충고한다.

그물

또 하늘나라는 바다에 던져져서 온갖 종류의 (고기를) 모으는 그물과 같다. 그물이 채워지면 바닷가로 끌어올리고 앉아서 좋은 것들은 동이에 모으고 나쁜 것들은 밖에 던져 버린다. 세상의 마지막에도 이러할 것이다. 천사들이 나와서 의로운 사람들 가운데서 악한 사람들을 추려서 그들을 불 아궁이에 던져 넣을 것이다. 거기에는 울음과 이를 갊이 있을 것이다. 〈마 13:47~50〉

우리는 지금까지의 연구를 통해 이 비유들이 일정한 논리에 따라 순서대로 배열되어 있으며 각각의 비유가 독특하다는 것을 배웠다. 또 이 비유들이 천국의 다양한 면을 보여주면서도 공통점을 가지고 있고 하나의 주제로 수렴될 수 있다는 것을 알았다. 이 차이점들과 공통점들은 하나같이 예수와 그의 사역, 그리고 그가 겪으셨던 상황을 지시하고 있다. 즉 예수는 자신의 정체와 자신이 수행하시는 사역, 그리고 자신이 직접 경험하신 것들을 설명하시고자 비유를 말씀하셨다. 때로는 자신을 변증하는 모습도 엿보인다. 자신을 믿고 따르는 사람들에게 확고한 방향을 제시하는 교육적 의지도 담겨 있다. 물론 우리는 이 비유들을 그 시대만의 얘기로 제한하지 않았다. 그 시대는 천국의 출발점으로서 비유와 관계가 있다. 그러나 비유에 담겨 있는 내용은 그때의 상황보다 훨씬 더 광범위하다. 모든 비유에서 드러난 것처럼 비유는 예수의 활동이 미래에 어떻게 계속될 것인지도 포함하고 있다.

그물의 비유도 예수께서 사셨던 그 당시를 배경으로 시작한다는 점에서 지금까지 다룬 비유들과 맥을 같이한다. 그러나 이 그물의 비유는 출발점보다는 그 이후를 부각시킨다. 천국이 그물에 비유되었는데 이 그물은 이미 바다에 던져진 그물이다. 따라서 그물의 비유는 예수의 시대보다는 그때를 포함하는 모든 시대를 반영한다고 보는 것이 좋다. 비유의 핵심도 모든 시대에 걸쳐 그물이 각종 고기를 모으는 과정이 아니라 이 과정이 다 지난 후에 좋은 고기와 나쁜 고기의 분리하는 마지막 장면에 있다. 그물의 비유는 종말에 초점이 맞추어져 있다. 이런 의미에서 우리는 그물의 비유를 전적으로 종말에 관한 비유, 즉 종말론적 비유라고 부를 수 있을 것이다.

종말이 암시되거나 명시적으로 묘사된 비유는 앞에도 있었다. 겨자씨가 큰 나무로 자란다거나 효모가 밀가루 전체를 발효시킨다는 표현은 암시적 묘사다. 예수께서 더욱 분명하게 종말을 언급하신 비유가 알곡과 독보리의 비유이다. 비유 자체에서 밭걷이 때 알곡과 독보리의 분리가 있을 것이 살짝 언급되고 해설 부분에서 밭걷이 때 있을 일들이 확대 설명된다. 알곡과 독보리의 비유를 다루며 종말에 초점을 맞추지 않은 것은 다음 세 가지 이유 때문이다. 첫째, 비유 자체의 핵심은 알곡과 독보리가 섞여 함께 자라는 과정에 있다고 보았다. 그래서 마지막보다는 과정의 설명에 치중하였다. 둘째, 비유의 설명에 나오는 밭걷이 때의 광경은 지금 우리가 다룰 그물의 비유와 크게 다르지 않다. 그물의 비유에 나타난 묘사가 더 자세하기 때문에 중복을 피하고자 종말의 설명에 치중하지 않았다. 셋째, 알곡과 독보리 비유의 설명부에는 풀기 어려운 점이 하나 들어 있다. 예수는 알곡이 뿌려지는 밭을 세상이라고 하셨는데 잠시 후에는 자신의 나라에서 넘어지게 하는 것들과 불법을 저지르는 사람들을 모두 모아 불 아궁이에 던져 넣으신다고 해설하셨다. 따라서 그물의 비유를 해석하며 알곡과 독보리에 묘사된 밭걷이 장면을 함께 섞어 차이점과 일치점을 다루는 것이 더 좋아 보인다.

  알곡과 독보리의 비유에서는 천국이 좋은 씨를 뿌리는 사람에 비유되었고 이야기의 중심이 이 농부의 역할과 활동에 놓여 있다. 인자, 즉 예수가 좋은 씨를 뿌리고 알곡을 염려하여 독보리를 뽑지 못하도록 명령하신다. 세상의 끝에 천사들을 보내어 알곡과 독보리를 구분하도록 명령하시는 분도 예수 자신이시다. 그러나 이 그물의 비유에는 천국이 그물에 비유되고 예수의 역할이나 활동은 뚜렷이 드러나지 않는다. 그물을 던지고 고기를 잡는 어부들이 있어야 하지만 어부들은 별도로 언급되지 않다가 그물에 고기가 가득 찬 다음에 그물을 끌어올리고 좋은 고기와 나쁜 고기를 구분할 때 동사의 어미 속에 살짝 등장한다. 어부들은 그물의 비유에서 주 내용이 아니다. 천국은 예수의 나라이므로 이 비유에도 예수의 역할이 들어 있다고 말해야만 하지만 이 비유는 예수의 역할을 전혀 강조하지 않는다. 심판의 장면에도 천사들만 등장한다. 따라서 이 비유를 말씀하신 예수의 의도는 자신의 사역을 직접 설명하는 것이 아니라고 생각된다. 다시 말하면 이 비유에서는 그물이 어떤 역할을 하고 있느냐를 살펴봄으로써 예수께서 말씀하시려 했던 천국의 비밀이 무엇인지를 배울 수 있다.

예수는 사역 초기에 주로 갈릴리 바닷가에서 활동하셨으므로 사람들에게 바다나 고기 잡는 얘기는 낯선 얘기가 아니었다. 농사 짓는 땅도 갈릴리 주변에 넓게 퍼져 있었다. 예수께서 이 그물 비유를 말씀하셨을 때 사람들은 어쩌면 갈릴리 바다와 고기 잡는 배들을 보고 있었을는지도 모른다. 예수의 제자들 가운데는 어부 출신도 몇 명 있었으므로 적지 않은 사람들이 바다를 삶의 터전으로 살아가고 있었으리라 추측할 수 있다. 당시 고기잡이는 농사와 함께 가장 확실한 생업의 하나였다. 사시사철 먹을 것을 구할 수 있고 필요한 만큼만 잡을 수 있다는 이점 때문에 고기잡이는 농사보다 오히려 더 매력 있는 직종으로 간주하였다. 당시 어부들은 조그만 나룻배를 가지고 있었고 두 종류의 그물을 사용했다. 투망, 즉 던지는 그물과 후릿그물이다. 예수가 천국을 비유하신 그물은 후릿그물로 보인다.

후릿그물은 양쪽 끝을 배 두 척에 각각 묶어서 바다에 내린 다음 고기들을 몰아 잡는 그물이다. "바다에 던져져서 온갖 물고기들을 모은다"는 표현만이 아니라 "해변으로 끌어올린다"는 설명에 꼭 들어맞는다. 어부들이 바다에 내린 그물만큼 두 척을 넓게 벌리고 일정한 간격을 유지하며 같은 방향으로 배를 몰면 그물이 지나가는 곳에 있는 고기들은 모두 그물에 들어온다. 그물에 고기가 가득 차면 해변으로 배를 몰아 그물을 끌어올린다. 좋은 고기와 나쁜 고기의 분리는 해변에서 이루어진다. 어부들은 좋은 것을 그릇에 담고 나쁜 것을 내버린다.

비유를 자세하게 설명하려고 어부들을 등장시켰지만, 앞에서 말한 대로 예수의 비유에는 어부들이 별도로 나오지 않는다. 천국이 무엇인지를 설명하는 비유어는 어부나 그물이 아니라 '바다에 던져져서 온갖 종류의 고기들을 모으는 그물'이다. 그물은 그물인데 그냥 그물이 아니라 '바다에 던져진' 그물이며 '온갖 고기들을 모으는' 그물이라는 것이다. 예수는 천국을 설명하는 비유어로 '그물'과 '바다', '그물'과 '고기들'이라는 복합개념을 사용하셨다. 따라서 이 비유의 의미는 '그물'과 '바다에 던져졌다', '그물'과 '고기들을 모은다'의 결합으로부터 나온다.

그물이 바다에 던져졌다는 것은 농부가 (좋은)씨를 뿌렸다는 것이나 어떤 여인이 효모를 밀가루에 갖다 넣었다는 것과 비슷하게 예수께서 천국의 말씀을 전파하시며 천국의 자녀를 불러 모으시는 광경을 연상케 한다. 이 그물 비유에도 예수의 출현과 활동에서 천국이 시작되었다는 생각이 밑바탕에 깔렸다. 이것은 어느 비유에서나 강조되는 천국의 가장 큰 비밀이다.

이 그물 비유의 독특한 점은 다른 비유에서는 천국의 시작이 생생하게 두드러진데 반해 시작보다는 이 시작이 만들어낸 결과를 더 선명하게 부각시킨다는 것이다. 그래서 천국은 이미 '던져진' 그물로 비유된다. 어부가 그물을 내리는 동작은 전제되어 있고 비유는 바다에 그물이 던져진 상태에서 시작한다.

다른 차이점은 천국이 세상 속의 한 별개집단으로 등장하여 이 집단으로 사람들을 모으는 역할을 한다는 점이다. 이때까지 다른 비유에서는 천국이 주로 개인과의 관련성 속에서만 다루어지고 이렇게 명백한 집단으로 표현되지는 않았다. 좋은 땅, 알곡, 보화를 발견한 농부, 진주를 찾는 상인은 이 세상을 살아가는 한 개인에 관한 비유였다. 겨자씨, 효모, 비밀리에 자라는 씨는 천국의 전체성과 관련된 것이기는 하지만 천국에 속하는 개인에 대한 언급은 아니다. 그물 비유에는 그렇게 확연하지는 않지만 '개인-집단-세상'의 관계가 등장한다. '신자-교회-세상'의 관계와 비슷한 도식이 이 비유에 들어 있는 것이다.

알곡과 독보리의 비유에서 알곡과 독보리가 함께 자라는 땅은 이 '세상' 마13:38을 뜻한다. 그러나 해설부에서는 독보리로 비유된 '모든 넘어지게 하는 것들과 불법을 행하는 자들'이 쫓겨나는 곳은 세상이 아니라 '인자의 나라' 마13:41 즉 천국이다. 그물 비유에는 버려질 고기들도 천국으로 비유된 그물에 들어 있다. 따라서 그물이 쳐진 '바다'를 세상, 그물을 천국, 나쁜 고기를 천국과 관계하는 부정적 부분이라고 해석할 여지가 있다. 그러나 알곡과 독보리 비유에는 이러한 여지를 만들기가 쉽지 않다. 해설부를 따라서 알곡과 독보리가 인자의 나라 즉 천국에 섞여 있는 것으로 해석하면 그물 비유와 비슷해지기는 하지만 세상이라고 부를 만한 무엇이 없고, 비유를 따라서 알곡과 독보리가 세상에 섞여 있는 것으로 해석하면 세상과 별도로 취급해야 하는 천국이 들어설 자리가 없다. 가장 좋은 해결책은 알곡과 독보리의 비유를 그림 전체로 보지 않고 전체 그림의 부분을 강조하고 설명하는 비유로 이해하는 것이다. 즉 비유부는 종말까지는 천국의 자녀와 악한 자의 자녀가 이 세상에서 함께 공존하는 상황을 강조하고 해설부는 두 종류의 사람들이 마지막 날에 구분되는 상황을 강조한다는 것이다. 더 큰 그림은 그물의 비유에서 그려낼 수 있다.

바다에 내리쳐진 그물처럼 천국이 세상 안에 들어왔다. 그물이 모든 종류의 고기를 몰아 모으듯 천국은 인종과 종족을 구별하지 않고, 남녀노소를 불문하고 사람들을 그러모으고 있다. 이 비유는 어떻게 사람들을 모으는지 그 방법에 대해서는 아무것도 알려주지 않는다. 앞의 비유들을 참고하면 천국이란 그물 안에 걸려든다는 것은 예수를 믿음으로 천국의 사람이 된다는 것의 다른 비유적 표현이라고 할 수 있다. 이 땅에 온 천국의 문은 예수를 믿는 사람들에게만 열린다는 것은 신약성경 전체의 주장이기도 하다. 따라서 우리는 이 그물 비유를 이렇게 이해할 수 있다. 한 번 드리워진 그물은 사라지지 않고 대대로 곳곳에서 차별 없이 예수 믿는 사람들, 곧 천국의 자녀를 모은다. 이 과정은 그물에 고기가 가득해지기까지, 겨자씨가 큰 나무로 자라고 효모가 밀가루 전체를 부풀리기까지 계속된다. 유대인의 땅에서 시작한 천국은 혈연이나 지연 등 사회의 모든 구조적 경계를 뛰어넘는다. 이천여 년 전에 탄생한 천국은 역사와 시간의 경계선을 뛰어넘어 오늘에 이르고 있다.

이 그물 비유에서 우리는 하나님의 사역 대상에는 특정한 시대나 장소, 종족 등의 제한이 없다는 긍정적 측면을 발견한다. 그러나 동시에 부정적 측면도 엿볼 수 있다. 그것은 이 세상을 거쳐 가는 모든 사람이 천국에 접촉할 기회를 얻는 것은 아니라는 사실이다. 이것은 인류의 역사를 폄하하거나 무시하는 것이 아니라 이 세상에 시작된 천국의 독특한 영적 성격을 드러내는 것이다. 예수께서 오시기 전에 하나님의 말씀과 그의 사역은 주로 이스라엘 사람에 제한되었다. 더 많은 사람은 이방인이란 이름으로 평범하게 인간으로 살다가 지구촌을 떠나갔다. 예수 당시에 수천만 명이 이 지구상에 생존했었으나 그를 보고 그의 설교를 듣고 그의 제자가 된 사람들, 곧 예수가 알려주신 천국의 비밀을 받아들여 천국의 백성이 되고 천국의 열매를 맺는 사람들은 극소수였다. 천국은 복음과 교회에 실려 역사의 수레를 타고 예루살렘과 온 유대와 사마리아와 지중해 연안의 전 지역 그리고 땅끝을 향해 조금씩 성장하고 있지만, 지구라는 넓은 바다에는 천국의 그물이 어디 있는지조차 모르는 물고기들이 무리지어 헤엄치고 있다. 천국이 없어도, 예수를 몰라도 얼마든지 행복하게 살아간다. 천국과 아무 상관없이 먹고 일하고 자고 흙으로 돌아가는 찬란한 천연색 금잉어들! 비유에서 인간이라 불리는 아름다운 온갖 물고기들! 한 번쯤은 천국 가까이 여행을 했음직도 한데 천국문을 두드려보지도 않고 사라져 간다. 이렇게 따져보면 인류의 역사란 천국과는 아무런 관계가 없는 역사, 인간들만의 역사다. 우주의 한 점, 지구에서 잠깐 반짝이다가 잊혀가는 반딧불의 역사!

세상에 던져진 그물, 예수로 말미암아 이 세상에 온 하나님의 나라는 모든 사람이 좋아하고 사랑하여 기필코 손에 넣으려고 비싼 값을 치르는 그런 것이 아니다. 천국은 이것을 발견한 사람에게나 보물이다. 그렇지 않은 사람들에게는 언제까지나 숨겨져 있다. 그물에 걸려들기까지는 아무도 가까이 느끼기조차 못한다. 그래서 그런 것은 없다고 결론짓게 마련이다. 예수는 이 비밀을 공개하셨다. 비밀이라고 부르신 것은 언젠가 모두가 알게 될 것이란 의미다. 예수는 천국이 없다는 사람들의 생각이 착각이요 자신이 알리는 것이 진실이요 진리임을 비밀이란 단어로 표현하셨다. 그렇다면, 같은 땅에 발을 붙이고 살면서 그 하늘나라에 접촉했다는 사실이 행운이요 복이라고 해야 하지 않을까? 우연이라도 천국 그물에 부딪힌다는 것은 퍽 드문 일이다. 천국 개념 자체가 시적 언어요 세상에 맞지 않는 부자연스럽고 비정상적인 것으로 간주한다. 천국이란 그물 안에서 우리는 오히려 바깥 세계를 이상하다고 느끼며 우리만의 문화와 우리만의 역사를 정리하지만, 인류 전체 그리고 우주 전체에 비할 때 여전히 그물 안이 생소하고 이상한 세계다. 우리는 어쩌다가 천국이라는 그물에 걸려든 재수 없는, 그러나 복 받은 물고기들이다. 조직신학적으로 말한다면, 우리는 하나님의 원대한 계획에 의해 이 시대에 한국 땅에 보내져 복음에 접촉하고 살아계신 예수를 만나 천국이란 그물 속에서 사는 사람들이다.

천국으로 표현하는 하나님의 나라는 형체를 그릴 수 없는 도깨비방망이가 아니다. 그것은 왕적 주권, 왕으로서의 위엄, 왕권, 왕직, 혹은 왕으로서의 활동 등과 같은 추상개념이지만 이 추상적인 것들이 나타나려던 하나님, 대행자이신 예수, 하나님의 창조물이면서도 하나님의 사랑의 대상으로 선택된 사람이 필요하다. 천국이란 예수를 믿는 사람들에게 미치는 하나님의 왕으로서의 통치, 그 세력권을 의미한다. 이것은 예수의 오심으로 말미암아 이 세상에 시작하여 오늘날까지, 그리고 세상의 마지막까지 사람들을 그 세력권 안으로 불러 모으고 있다. 그물 비유는 예수와 그를 믿는 사람들을 한 묶음으로 취급할 수 있는 근거를 제공한다. 또 고기로 가득 채워지기까지는 그물이 처져 있을 것이라는 사실을 알려준다. 천국이란 씨가 큰 나무로 자라는 것은 열매 맺는 사람들, 그물 비유의 고기들을 통해서이다. 온갖 종류의 고기들이 모여듦으로써 천국은 점점 성장한다.

천국의 발전과 성장에는 분명한 한계가 있다. 예수는 이 점을

"그물이 각종 고기로 꽉 찼다"고 표현하셨다. 그리고 곧 다른 상황을 그리셨다. "그물이 채워지면 바닷가로 끌어올리고 앉아서 좋은 것들은 동이에 모으고 나쁜 것들은 밖에 던져 버린다." 이 새로운 상황은 마지막 심판을 연상하도록 도입하신 것이다. 예수는 이 말을 "천사들이 나와서 의로운 사람들 가운데서 악한 사람들을 추려서 불 아궁에 던져 넣을 것이다"고 설명하셨다. 하나님의 심판의 특징은 의인과 악인의 분리에 있다. 이 분리는 대등한 편 가르기가 아니라 알곡 가운데 섞여 있던 독보리를 추려내는 것, 천국 그물에 걸린 나쁜 고기를 가려내는 것, 즉 의인 중에서 악인을 골라내는 것이다. 긍정적 부분만 남겨두고 부정적 부분은 지옥에 던져진다. 긍정적 부분은 하나님의 영광에 참여한다.

그물 비유에서 하나님의 심판 대상은 천국으로 비유된 그물, 이 그물과 관련된 고기들이다. 좋은 집단으로 간주하여야 할 천국 안에 의인과 악인을 구분하고 심판하는 과정이 있다는 것이다. 물론 우리는 그물 밖의 고기들을 연상할 수 있다. 바다에 널려 있는 고기들을 그물 안의 고기들과 구별하며 이들을 세상에 속한 사람들로 규정하고 하나님의 최후 심판은 천국에 속한 사람과 세상에 속한 사람에게 각기 다른 영원한 상태를 부여하는 것이라고 설명하는 것이다. 이것은 기독교인들에게 두루 퍼져 있는 최후 심판의 모습이기는 하지만 그물 비유가 교훈하는 바가 아니다. 그물 비유에 표현된 하나님의 심판은 천국 그물 안에 일어날 사건이다. 그물이 온갖 고기들로 가득 채워지자 그물을 끌어올리고 심판이 시작된다. 좋은 고기를 골라 동이에 담고 나쁜 고기를 밖에 버리는 것, 즉 의인 가운데서 악인을 고르는 심판이다. 심판은 천국 그물 안에 들어와 있던 고기들에게 나타난다. 이것은 알곡과 독보리 비유의 해설에 나타난 모습과 일치한다. 그곳에서도 예수는 자기 천사들을 보내어 의인 중에서 넘어지게 하는 것들과 불법을 행하는 사람들을 모두 골라 불 아궁이에 던져 넣을 것이라고 선언하셨다. 역사계에 그 모습을 드러낸 천국에도 좋은 고기와 나쁜 고기가 혼합되어 있어야 가능한 심판이다. 이러한 혼합상태에 대하여 우리는 이미 알곡에 덧뿌려진 독보리의 비유에서 공부한 바 있다. 그물 비유의 밑바탕에 깔려 있는 전제이기도 하다. 천국이 현실적으로 나타난 것이 교회라고 한다면 이 혼합 상태를 이해하기 훨씬 쉬워진다. 우리는 천국을 절대적으로 긍정적 개념으로 아는 까닭에 악인이나 불법을 행한 사람이 설 자리가 없기 때문이다. 그러나 우리가 경험하는 교회에는 믿음이 없는 사람도 공공연히 섞여 있을 수 있음을 알고 있다. 그런데 예수는 천국이 이러하다고 하셨다. 우리보다는 천국 개념을 덜 긍정적으로 사용하신 것이다. 하나님의 심판은 교회만이 아니라 천국 자체를 위협한다! 이것이 그물 비유의 핵심이다.

예수의 천국 개념은 우리 시대에 고착화 되어 있는 완전 긍정 개념이 아니었다. 예수에 의하면 천국이라는 그물에 들어 있다고 해서 자동으로 심판을 면제받거나 무사히 통과하여 영원히 복된 상태로 들어가는 것이 아니다. 천국 안에 좋은 고기와 나쁜 고기가 함께 있다. 알곡이 있고 독보리가 있다. 하나님의 뜻을 따르는 의로운 사람들과 그렇지 않고 남을 해하고 불법을 행한 사람들에 대한 비유어이다. 의인에게는 하나님의 복이 약속되는 반면 악인에게는 그가 비록 천국 안에 들어가 있어도 영벌과 저주만 주어진다. 예수께서 시작하신 천국에 들어와 있는 이 부정적 부분이 무엇일까? 독보리의 비유는 이들을 마귀의 자녀라고 부른다. 천국의 열매를 맺지 못하는 것을 통해서 구분할 수 있다고 가르친다. 그물의 비유는 나쁜 고기가 함께 있고 마지막 운명이 달라진다고 말할 뿐 이들에 대한 더 이상의 설명이 없다. 교회 초기 시절부터 신학자들은 여러 가지 방법으로 이 문제를 설명하려고 애를 썼다. 보이지 않는 교회 곧 천국은 하나님만이 아시고 현세의 보이는 교회로서의 천국은 필연적으로 신자와 불신자가 섞여 있는 불완전한 형태라거나, 교회에는 선인을 위한 필요악으로 악인이 함께 존재한다거나, 천국의 복을 넘보고 이리가 양의 가죽을 쓰고 섞여 있다거나, 악인들 자신도 의인인 줄로 착각하고 있다는 등의 주석이다. 물론 이것은 예수의 비유와 말씀을 이해하기 위한 노력의 일환이다. 그러나 그물의 비유는 이런 설명을 포함하고 있지 않다. 따라서 누가 좋은 고기요 누가 나쁜 고기인가를 판정하는 것은 이 그물 비유의 역할이 아니다. 다만, 의로운 사람과 악한 사람으로 구분하신 것을 통해서 그 판별 기준이 하나님의 뜻임을 확인할 수 있을 뿐이다. 즉 알곡과 같은 열매가 없음을 통해 독보리의 존재 알려지듯이 좋은 고기는 하나님의 뜻을 따르는 사람들을 의미하고 나쁜 고기는 하나님의 뜻을 외면하는 사람들을 의미한다는 정도이다. 천국으로 비유된 그물 안에 걸린 고기들을 이렇게 구분한다는 것이 이 그물 비유의 핵심이므로 천국에 속했다고 믿는 사람들이야말로 정말 심각하게 이 비유를 고려하지 않을 수 없다. 예수를 믿지도 않고 그의 설교를 경청하지도 않는 사람들이 이런 심판을 걱정하지는 않을 것이기 때문이다.

예수의 비유는 원래 그의 제자들에게 천국의 비밀을 알려 주시려는 목적으로 주어진 것임을 고려하면 이 그물 비유는 제자들에게 심각한 경고장이 된다. 예수를 무작정 따라다닌다고 만사가 해결되는 것이 아니다. 그의 제자라고 모든 문제가 다 풀리지는 않는다. 열두 사도 중에도 가룟 유다가 있었다. 악인과 의인이 공존하는 현세적 천국은 그 안에 있다는 사실만으로는 영생으로 들어가는 입장권을 주지 않기 때문에 그물 안의 고기들일수록 더 심각하게 각성하고 있어야 한다. 교회에 다닌다거나 매주 예배에 출석하고 있다는 것이, 아니 매일 매시간 예수의 이름을 부르는 것이 영생의 자격을 주지는 못한다. 어쩌면 우리도 우리의 확신이나 기대와는 상관없이 밖에 내던져질 고기일 수 있다! 내가 그렇게 불아궁이에 던져질 '알곡과 함께 자란 독보리' 나 '좋은 고기와 함께 그물에 잡힌 나쁜 고기' 일 수 있다! 그렇다면, 심판의 날은 견고했던 자기 확신이 결국 착각이었음을 밝히는 날이 될 것이다. 예수는 비유의 마지막에 불 아궁이에 던져질 독보리와 나쁜 고기들이 그곳에서 울며 이를 갈게 될 것이라마13:42,50고 선언하셨는데 이런 것은 어떤 사람의 확신과 주장이 하나님의 준엄한 잣대에 의하여 개인적 착각이었음이 판명날 때 나타날 수 있는 반응이다. 그물 밖의 고기들은 천국과 관련하여서는 아무것도 몰랐고 아무것도 인정하지 않으므로 억울하다는 듯이 이런 행동을 보일 이유가 없다. 알곡과 독보리의 비유와 그물의 비유, 이 두 비유는 우리 믿는 사람들에게는 정말 소름끼치는, 아름다운 비유이다.

천국의 율법학자

그러므로 하늘나라를 위해 제자가 된 율법학자는 모두 자기 곳간에서 햇것과 묵은 것을 꺼내는 집주인 한 사람과 같다. (마 13:52)

천국의 율법학자 비유는 내용이 간단하지만 절대 빠트리고 넘어갈 수 없는 비유다. 왜냐하면, 이 비유는 지금까지 다룬 비유에서 명백히 해결되지 않은 문제에 대한 답을 제시하기 때문이다. 미해결의 문제란 좋은 씨와 독보리, 좋은 고기와 나쁜 고기, 의인과 악인, 모든 넘어지게 하는 것과 불법의 판별 기준이 무엇인가 하는 것이다. 마태복음의 구조와 관련하여 이 질문은 우리가 다룬 비유들이 수록된 마태복음 13장 전체의 주제와도 깊은 관계가 있다.

마태복음 12장 끝에서 예수는 손을 뻗어 제자들을 가리키시며 "보아라, 내 어머니와 내 형제들이다. 누구든지 하늘에 계신 내 아버지의 뜻대로 하는 사람, 그 사람이 내 형제요 자매요 모친이다"라고 말씀하신다. 자신의 제자들을 '하나님의 뜻을 행하는 사람들'로 규정하신 셈이다. 제자들이 행하고 있었던 하나님의 뜻이 무엇일까? 이 질문에 대한 답은 문자적으로는 발견되지 않는다. 그러나 제자들을 하나님의 뜻을 행하는 사람들로 선언하신 정황만을 근거로 삼으면 예수께서 염두에 두셨던 하나님의 뜻이란 자신을 향한 믿음이었다고 말해도 좋을 것이다. 예수는 제자들이 자신을 믿고 따르는 것을 하나님의 뜻을 행하는 것으로 인정하셨다. 이 주제 '믿음'은 우리가 앞에서 확인한 대로 13장의 출발점이다. 믿음은 비유를 이해할 수 있는 도구일 뿐만 아니라 천국의 비밀을 알 수 있도록 하는 밑바탕이다. 그러나 바로 이러한 제한성 때문에 알곡과 독보리의 비유나 그물의 비유에서는 심각한 문제가 발생한다. 예수를 믿는 제자들만 이해할 수 있도록 주어진 비유에서 재차 무엇을 요구하시기 때문에 하나님의 뜻을 믿음이라고만 말하는 것이 과연 완전한 대답이 될 수 있겠는가 하는 것이다.

이 문제를 먼저 알곡과 독보리의 비유에서 살펴보자. 인자는 세상에 좋은 씨, 즉 천국의 아들들을 뿌렸다. 잠시 후에 인자의 원수가 와서 같은 밭에 독보리, 즉 악한 자의 아들들을 덧뿌렸다. 알곡과 독보리는 출발점, 곧 정체성이 다르다. 그런데 이 비유의 해석에서는 본질이 다르다는 것을 근거로 해서 심판이 진행되지 않고 '모든 넘어지게 하는 것'과 '불법을 행하는 모든 사람'이 '의인들'과 대조를 이루면서 이들에게 영벌 또는 영생이 선언된다. 문맥으로 보아서는 예수에 관한 믿음의 유무로 심판이 수행되는 것이 더 자연스러워 보이지만 알곡과 독보리의 '열매'가 문제시되고 있다. 열매의 유무, 의나 불법, 넘어지게 하는 것 등은 사람들이 만들어 내는 것, 그래서 눈에 드러나는 현상들이다. 그런데 알곡의 근원은 인자에게 있고 독보리의 근원은 원수에게 있다는 예수님의 설명은 눈에 보이는 이 여러 현상의 이유에 해당하는 것으로서 절대로 겉으로 드러나지 않는다. 열매, 의, 불법이 아니라면 알곡인지 독보리인지 누가 확인할 수 있겠는가? 이러한 관점에서 보면 알곡은 예수가 뿌리셨고 독보리는 원수가 덧뿌렸다는 사실은 직관이나 직통 계시를 통하여 파악되는 것이 아니라 나타나는 현상을 통하여 경험적으로 도달하는 것임이 명백해진다. 따라서 예수의 비유 설명에서는 정체성이 아니라 현상, 즉 열매들이 심판의 근거로 작용하는 것이다. 열매라는 현상을 통해 나무의 정체를 확인하는 방법이다. 인자가 뿌린 좋은 씨는 알곡을 맺는 데 비해 원수가 뿌린 독보리는 당연히 알곡을 맺지 못하고 다른 열매를 맺기 때문에 의나 불법이란 열매는 인자가 뿌린 좋은 씨 또는 원수가 뿌린 독보리라는 정체를 알려주는 거울이 되는 것이다.

그렇다면, 열매는 무엇을 의미하는가? 무엇이 불법이고 악이요 무엇이 의고 선인가? 우리는 무엇을 기준으로 이 둘을 구분할 수 있는가? 누가 무슨 법을 거스르는 자요 누가 어떤 의를 행하는 의인인가? 어떻게 이런 사람들을 분간할 수 있는가? 그 척도는 과연 무엇인가? 만약 이러한 질문들에 대하여 아무 답도 할 수 없다면 열매를 보고 독보리를 분간하게 된다는 예수의 비유는 아무런 교육적 효과도 거두지 못할 것이다. 또 "의로운 사람들은 자기 아버지의 나라에서 해처럼 빛날 것이다"나 "모든 넘어지게 하는 것과 불법을 행하는 사람들을 자기 나라에서 모두 모아서 불 아궁이에 던져 넣을 것이다"는 말씀은 아무 의미도 전하지 못할 것이다.

다음으로, 그물의 비유를 살펴보자. 그물은 예수로 말미암아 시작되는 천국에 대한 비유어이다. 따라서 그물 안에 걸려든 각종 고기는 예수의 천국과 관련이 있는 사람들을 뜻한다. 그런데도 불구하고 잠시 후에 그물에 잡힌 고기들을 좋은 고기와 나쁜 고기로 가르는 심판의 장면이 나온다. 천국은 누구나 소유해야 할 가장 값진 것인데 천국 그물에 잡힌 고기들을 다시 구분하는 과정이 왜 필요한가? 천국 안에도 좋은 고기와 나쁜 고기가 섞여 있기 때문에 의인 가운데서 악인을 골라내는 작업이 필연적으로 뒤따라야 한다면 천국이란 도대체 무엇인가? 이 섞여 있는 혼합 상태를 세상이나 교회라고 부른다면 그래도 이해할 만하다. 그러나 예수의 비유는 천국을 바다에 던져진 그물에 비유하고 있다. 우리는 앞에서 천국의 비유어인 그물에는 예수를 믿음이라는 주제가 암시적으로 결부되어 있다고 분석하였다. 즉 예수를 믿는 사람들이 천국의 백성이라는 전제가 깔렸다는 것이다. 이것은 앞에 나온 비유들의 결론이기도 하다. 천국이 세상이라는 바다에 던져져 고기들을 잡는 그물과 같다면 이 천국 그물은 아무나 마구잡이로 그러모을 수는 없다. 따라서 천국 그물에 고기들이 걸려들었다는 비유는 천국의 왕, 예수를 믿음으로써 천국의 자녀가 되었다는 것을 뜻한다. 이것은 교회에 다닌다거나 세례를 받고 그리스도인이 되었다는 말보다 훨씬 더 강한 표현이다. 따라서 천국 그물에 걸려들었으므로 그대로 영원한 영광이 선언되는 것이 더 적당해 보인다. 그런데 천국 그물에 걸렸다는 사실만으로 그치지 않고 걸린 각종 고기를 다시 나눈다. 나누는 근거는 알곡과 독보리의 비유와 같다. 믿음을 근거로 좋은 고기와 나쁜 고기를 구분하지 않고 이 믿음이 삶에 만들어내는 결과, 즉 의와 악, 의로운 사람들과 악한 사람들이라는 현상을 근거로 심판이 진행되는 것이다.

이미 현세적 천국과 긍정적 관계를 맺는 사람들이 다시 법정에 서서, 하나님의 보물창고와 햇빛이 작열하는 모래밭을 번갈아 보며 자신의 운명을 선언하실 인자의 입술을 주시해야 한다는 사실을 어떻게 이해할 수 있을까? 이 심판대는, 알곡과 독보리의 비유와 마찬가지로, 각자가 받을 삯이나 영광의 크고 작음을 판정하는 것이 아니라 영생과 영벌을 선언하려는 것이다. 그물 안의 좋은 고기와 나쁜 고기의 심판이 알곡과 독보리의 심판과 아무 차이가 없다면 현세적 천국은, 그리고 이 천국과 결정적 관계를 수립하게 하는 예수를 믿는 믿음은 우리에게 어떤 안도감도 줄 수 없다는 것인가? 그물의 비유는 이렇듯 비유들을 이해하는 전제가 되는 하나님의 뜻으로서의 믿음의 가치에 일말의 의문을 제기하고 있다. 동시에 알곡과 독보리에서 남았던 질문, 의로운 사람들과 악한 사람들, 의와 불의, 선과 악의 기준이 무엇인가에 관심을 집중시킨다. 이것이 예수의 천국에서 의로운 사람들 가운데 섞여 있는 악한 사람들을 가려내는 최종 기준으로 작용하기 때문이다.

12장 끝에서 제기한 질문, 무엇이 하나님의 뜻을 행하는 것이냐에 대한 설명은 예수를 믿는 믿음이라는 대답에서 완전히 끝난 것이 아니다. 예수께서 제자들을 하나님의 뜻을 행하는 사람들로 규정하실 때 일차적으로 그들이 자신을 믿고 따른 것을 염두에 두신 것은 확실하다. 그러나 믿음은 어떤 이론이나 진실에 대한 지적 승인을 의미하는 것이 되기 쉽다. 예수에 대한 믿음이 확고하면 확고할수록 사람들은 세상에 오신 하나님의 아들을 보고 그의 설교를 들으며 천국의 비밀을 배우는 것으로 만족할 수 있다. 예수를 향한 믿음은 자칫하면 이렇게 개인의 삶을 정체시킨다. 인간은 하늘을 쳐다보는 것만으로도 만족하며 살 수 있기 때문이다. 이러한 인간의 경향에 대한 예수의 대책이 믿음을 순수이론의 형태가 아닌 삶의 차원에서 요구하시는 것이다. "수고하고 무거운 짐 진 사람들아, 모두 내게로 오너라. 내가 너희를 쉬게 해 주겠다. 나는 온유하고 마음이 겸손하므로 너희는 내 멍에를 자기 위에 올려놓고 내게 배워라. 그러면 너희 영혼에 쉼을 찾게 될 것이다. 내 멍에는 쉽고 내 짐은 가볍기 때문이다"마11:28~30 예수께서 의미하신 하나님의 뜻은 믿음으로 자기에게 오는 것이며 자신이 요구하시는 대로 살아가는 것이다.

믿음은 이성이나 감성의 영역에서 독립적으로 도덕적 활동이 없는 정신 현상의 하나로 취급될 수 있다. 아마 있는 자와 없는 자의 비유에서 있는 자가 가진 것을 이런 이론적이거나 정신적 믿음으로 해석해도 크게 빗나가지는 않을 것이다. 그러나 예수는 씨 뿌리는 자의 비유에서 천국의 말씀을 진정으로 이해한다는 것은 천국의 말씀을 듣고 기뻐하고 환란과 핍박을 견디고 유혹과 염려를 극복하고 그대로 실천하는 것이라고 설명하셨다. 예수에 대한 믿음은 쉽게 확인할 수 있는 이론적 지식의 수용이거나 감정의 상태가 아니라 살아 계시는 예수에 대한 생생한 인격적 의존인데 이 의존상태나 의존관계는 추상적 지식의 고백이나 심미적 감정 상태로 나타나기도 하지만 예수를 진정으로 따르는 것, 예수께서 지시하신 대로 살아가는 것에서 더 확실하고 분명하게 드러나기 때문이다. 따라서 예수를 향한 진정한 믿음은 표현될 수밖에 없다. 삶으로 표현되는 것을 통해 그가 예수를 믿는다는 사실을 확인하게 된다. 그러므로 하나님의 뜻을 행하는 것으로 제시되는 '지상의 예수를 향한 믿음'은 하나님의 뜻을 수행하는 우리의 삶 전체를 포함하는 포괄적인 개념이다. 그러나 믿음을 순수한 정신적 작용을 뜻하는 개념 이상으로 이해할 수 없다면 우리는 부득이 하나님의 뜻은 '믿음+행위', 즉 전인적 삶을 바치는 것이라고 해야 한다. 이 주제는 마태복음 13장 전체에 흐르는 강령일 뿐만 아니라 마태복음 전체의 대주제이다.

알곡과 독보리의 비유는 믿음 개념이 무엇인지 그리스도인들의 진정한 출발점이 정확하게 무엇인지를 묻지 않고 근원을 도외시한 채 '삶의 열매', 즉 '넘어지게 하는 것'과 '불법' 문제를 심판과 연결하였다. 그물의 비유는 모두가 믿음을 가졌다고밖에는 달리 생각할 수 없는 그물 안의 고기들에게 '의로운 사람들'과 '악한 자들'을 영벌과 영생을 나누는 심판을 적용하였다. 그래서 마치 믿음을 거부하거나 제한하고 행위만을 근거로 하는 심판을 도입하는 것처럼 보인다. 이 두 비유의 심판 장면은, 믿음을 포괄적 개념으로 이해할 때, 예수를 믿는 믿음은 한 사람의 전체 삶을 좌우해야 한다는 입장에서, 또는 믿음을 순 정신적 현상으로 파악할 때, 하나님의 뜻은 그 믿음에서 우러나오는 삶의 열매로 실현되어야 한다는 입장에서 "넘어지게 하는 것들과 불법을 저지르는 사람들을 자기 나라에서 모두 모아서 불 아궁이에 던져 넣을 것이다" 또는 "의로운 사람들 가운데서 악한 사람들을 추려서 불 아궁이에 던져 넣을 것이다"라고 결론짓는다. 살아계신 예수를 믿는다면 예수의 현실적인 통치가 삶에 나타날 수밖에 없다. 그리스도인들의 삶은 살아 계신 예수가 오늘도 그를 다스리고 그가 바로 그 예수를 믿는다는 사실을 알려주는 표식이 된다. 두 비유는 이러한 기초 위에서 좋은 것과 나쁜 것, 의인과 악인을 구분하고 있다. 무엇을 기준으로 좋다거나 나쁘다, 혹은 의롭거나 불의하다고 하는지, 또는 예수를 믿는다는 사실을 지식과 감정으로만이 아니라 의지와 삶으로 확인할 수 있는 예수의 가르침이란 과연 무엇인가가 풀어야 할 숙제이다. 이 질문에 답하는 것이 천국의 율법학자 비유이다.

  천국의 율법학자 비유는 '그러므로'라는 접속사로 앞의 비유들과 결합한다. 이 비유는 가깝게는 그물 비유, 멀게는 알곡과 독보리 비유의 논리적 결론이다. 좀 더 넓게 보면 천국의 서기관 비유는 앞에서 다룬 비유들 전체를 토대로 하여 제자들에게 주신 추가적 비유다. 제자들이 예수의 모든 비유를 깨달았다마13:51는 사실을 전제하고 있다. 즉 제자들은 삶이나 행위의 가치를 인정하고, 이것이 예수와의 관계 혹은 진정한 천국의 자녀임을 입증하는 것이어서 각자의 삶을 근거로 최후 판정이 내려진다는 천국의 비밀을 이해했기 때문에 예수께서 새롭게 제자의 도리를 말씀하셨다는 것이다. 이 비유는 예수께서 어떤 기준에 의해 옳고 그름, 의와 악을 판단하시는가에 대한 간접적 답변이다.

  이 비유에는 두 가지 이질적 요소가 하나로 뭉쳐져 있다. '새 것'과 '묵은 것', '천국의 제자'와 '율법학자'이다. 천국을 위하여 제자가 된 모든 율법학자는 예수에게 천국의 비유를 듣고 천국의 비밀을 깨달은 제자들에 대한 비유임이 명백하다. 이 표현을 비유라고 부르는 것은 예수께서 한 번도 제자들을 이런 식으로 부르지 않으셨기 때문이다. 또 이것은 예수의 제자들을 지시하는 호칭이나 별명도 아니기 때문이다. 우리가 알기에는 예수의 제자들 가운데 율법학자였던 사람은 없었다. 혹 있었다 하더라도 예수께서 자기 제자를 옛 직업으로 부르신 적이 없다. 예수께서 자신의 제자들을 천국의 제자들이라고 표현하신 것은 앞에서 다룬 비유들과 맥이 같이한다. 알리시려는 내용을 제자들에게는 알리고 다른 사람들에게는 가리려는 것이다. 지금까지 다룬 비유들이 직유였는데 반해 이 비유는 은유이다. 예수는 다른 비유에서는 자신을 만나는 사람들을 천국과 관련지어 얘기하셨지만 여기서는 자기 제자들에게 천국과 관련된 역할을 일러주시고자 이 표현을 사용하신 것으로 보인다.

율법학자는 하나님의 율법을 베끼고 가르치고 해석하고 보전하던 사람들이다. 처음에는 율법의 외형적 전수가 주된 일이었으나 후에는 그 내용의 해석과 적용에도 관여했고 율법이나 모세 오경만이 아니라 선지서 전체 구약성경과 입으로 전해져 내려온다는 장로들의 유전에도 권위자로 활동하면서 유대인들의 지도 그룹으로 자리 잡았다. 예수께서 자신의 제자들을 이 율법학자에 비유하신 이유는 율법학자들이 하던 일과 제자들이 해야 할 일을 연결하기 위해서일 것이다. 물론 율법학자들이 하던 일을 그대로 본받아하라는 명령을 하지는 않으셨다.

제자들이 해야 할 일은 무엇이었는가? 이것을 설명하시고자 예수는 제자들을 어떤 집주인에 비유하셨다. 어떤 사람이 있었다. 그는 집과 어느 정도의 재산을 소유하고 있었다. 묵은 곡식이 떨어지기 전에 새 곡식을 저장할 정도로 여유 있게 살았다. 이 집주인은 창고에 묵은 곡식과 새 곡식을 쌓아 놓고 적당히 섞어가며 양식을 소비했다. 이렇게 함으로써 철 지난 묵은 곡식도 점차 줄여가고 때에 따라 새 곡식의 신선함도 풍미할 수 있었다.

이 비유에서 새것과 헌 것, 햇곡식과 묵은 곡식은 무엇을 가리키는 것일까? 예수께서 사람들을 제자로 부르신 것은 그들을 사람을 낚는 어부로 만드시기 위해서였다. 그래서 적당한 때가 되자 제자 중에서 열두 명을 사도로 임명하셨다. 후대에 사는 우리는 이 사도들과 최초의 제자들이 어떻게 활동하며 사도와 제자로서 살았는지를 익히 알고 있지만, 이 당시에는 예수만 그들의 목자로서 가르치고 활동하고 계셨다. 제자들은 앞서 가시는 예수를 따르며 필요한 일들을 보조적으로 수행할 뿐이었다. 나중에 그들이 무엇을 하게 될지, 무엇을 해야 할지도 전혀 모르던 시기였다. 예수는 이 천국의 율법학자 비유에서 그들이 율법학자들처럼 가르치는 일을 해야 할 뿐만 아니라 무엇을 가르쳐야 하는지도 일러주셨다. 이러한 의미는 새것과 헌 것을 율법학자란 은유와 결합할 때 나타난다. 율법학자들의 주 임무는 율법을 가르치고 해석하며 다음 세대로 전수하는 것이기 때문이다. 예수의 제자들은 천국을 위하여 율법학자로 부름을 받은 사람들이다. 그들은 햇곡식만이 아니라 묵은 곡식도 창고에서 가지고 나와야 한다. 천국의 비밀을 듣고 이해한 사람들로서 예수께서 가르치신 새것만이 아니라 율법학자들처럼 헌 것도 가르쳐야 한다는 것이다.

하나님은 오래전에 이스라엘 백성에게 모세를 통하여 율법을 주셨다. 율법은 무엇이 옳고 무엇이 그른가를 알려주는 기준이다.

이스라엘 역사도 거룩하신 하나님의 뜻이 계시된 도구였다. 선지자들 또한 이스라엘에 무엇이 옳은가를 알려주는 하나님의 사역자들이었다. 율법학자들은 이스라엘 민족과 그들의 역사 속에 주어진 하나님의 율법과 선지자들의 예언을 배우고 가르치고 보전하고 해석하며 전달하는 사람들이었다. 그러나 예수께서 오신 이후에는, 예수를 통하여 정말 하나님이 계획하신 것이 무엇인가가 명백하게 드러났기 때문에 예수의 제자들이야말로 진정한 의미의 율법학자들이다. 그들은 이스라엘의 역사, 율법, 예언을 재해석하고 적용하며 보전하고 전달해야 한다. 다른 한 편으로는, 그들은 예수를 따름으로써 천국의 제자들이 되었으므로 이 묵은 곡식에 대한 임무만이 아니라 예수를 통해 계시되는 햇곡식, 즉 천국의 말씀, 예수의 교훈들을 함께 가르치고 해석하며 적용하고 전달할 임무를 맡아야 한다.

    예수는 세상에 하나님의 은혜와 복을 가져왔다. 그것은 선언적 복과 은혜, 요구적 복과 은혜로 이루어져 있다. 선언적 복과 은혜란 예수의 오심과 사역, 생애를 통해 일어난 것이고 요구적 복과 은혜란 예수께서 사람들에게 권고하신 것과 관련이 있다. 선언적 복과 은혜는 이러한 일들을 수행하신 예수께 대한 믿음을 통해 적용되고 요구적 복과 은혜는 그를 믿는 사람들의 성실한 삶과 실제적 순종을 통해 실현된다. 예수는 '율법과 선지자들'을 폐지하지 않고 완성시키셨다. 마5:17~20 예수를 그들의 구주로 믿고 그의 통치에 굴복한 제자들은 이 완성의 의미를 설명하고 그렇게 완성된 율법을 예수의 교훈과 함께 다른 민족들과 후대에 전달할 사명을 부여받았다. 이것은 모든 사람, 특히 역사의 소용돌이 속에서 천국이라는 그물에 걸린 고기들이 가지고 있어야 하고, 따라 살아야 하고, 자신들의 삶을 늘 재어보아야 할 절대적 기준이다. 동시에 이것은 다시 오실 세상의 마지막에 오실 인자가 의인과 악인, 좋은 고기와 나쁜 고기, 알곡과 독보리를 구분해내실 바로 그 기준이다. 우리는 기준도 없이 값싼 은혜에만 의존하는 무법자들이 아니라 하나님의 기준을 따라 고귀한 인생을 만들어가는 천국의 자녀다.

일만 달란트 빚진 자

그러므로 하늘나라는 어떤 사람, 곧 자기 종들과 청산하려 했던 한 임금과 같다. 그가 청산하기를 시작하자, 만 달란트를 빚진 사람 하나가 그에게 끌려왔다. 그러나 그는 갚을 것이 없어서 주인이 그와 아내와 자녀와 그가 가진 모든 것을 팔아서 갚도록 명령하였다. 그러자 그 종이 엎드려서 그에게 절하며 말하였다. 제게 참아 주십시오. 당신께 모두 갚겠습니다. 주인이 그 종을 가엾이 여겨서 그를 놓아 주며 그의 빚을 탕감해 주었다. 그 종이 나가서 자기 동료 종들 가운데 자기에게 백 데나리온을 빚진 사람 하나를 발견하고는 그를 붙들고 멱살을 잡으며 말하였다. 뭘 빚졌으면 갚아라. 그러자 그의 동료 종이 엎드려 그에게 빌며 말하였다. 내게 참아 주게나. 자네에게 갚겠네. 그러나 그 종은 그렇게 하려 하지 않고 가서 그가 빚진 것을 갚기까지 그를 감옥에 집어넣었다. 그의 동료 종들이 벌어진 일들을 보고는 몹시 가슴 아파하며 가서 자신들의 주인에게 벌어진 일들을 모두 일러바쳤다. 그러자 그의 주인이 그를 불러서 말하였다. 악한 종아, 내게 빌었기 때문에 모든 빚을 네게 탕감해 주었다. 내가 너를 가엾이 여긴 것처럼 너도 네 동료 종을 가엾이 여겼어야 하지 않느냐? 그의 주인은 성이 나서 그가 빚진 것을 모두 갚을 때까지 그를 간수들에게 넘겨주었다. 너희 각 사람이 자기 형제를 자기의 마음으로 용서해 주지 않으면 하늘의 내 아버지께서도 너희에게 이렇게 하실 것이다. 〈마18:23~35〉

예수는 자신의 출현으로 말미암아 천국이 시작되고 새 시대가 동튼다는 것을 비유나 설교로만 알리시지 않았다. 예수는 스스로 그렇게 확신하셨고 그렇게 행동하셨다. 천국은 말로만 전해지는 이론이나 추상적, 영적인 무엇이 아니라 실제적이요 구체적이며 역사적인 실체다. 사람들이 천국의 진실성에 대해 의문을 제기하는 것은 예수의 천국이 모든 사람에게 공개되거나 확인되는 것은 아니기 때문이다.

예수의 제자들은 예수와 함께 천국이 실제로 시작되었다는 것을 알았다. 또 믿었다. 그들이 예수에게서 보고 듣고 체험한 것이 확실했던 만큼 천국의 존재도 너무나 확실했다. 천국의 진실성에 의문을 갖는 사람들은 예수를 믿지 않는 사람들이었다. 예수를 제쳐놓고 천국을 찾는 것이 실패와 의혹의 원인이다. 예수 없이 예수의 천국을 경험하거나 증명하는 것은 불가능하다. 또 예수를 향한 믿음도 없이 예수의 천국과 특별한 개인적 관계를 맺는다는 것은 있을 수 없는 일이다. 천국은 믿음으로만 그 실상에 조금 다가갈 수 있는 그런 것이다. 예수께서 알리시려고 하셨던 천국의 비밀이란 바로 이 땅에서 활동하시던 예수 자신과 천국의 동질성 또는 관련성에 있었다.

제자들은 천국이 실제로 시작되었다는 것을 예수에게서 확인하였다. 예수의 출현과 활동에 발맞추어 병자들이 낫고 귀신들이 쫓겨나고 소경이 보게 되고 귀머거리가 듣게 되고 문둥이가 깨끗해지는 것 등이 그 표식이었다. 예수의 제자들은 예수께서 바다와 바람을 잔잔하게 하시고 바다 위로 걸으시는 광경을 목격하며 예수 앞에 무릎을 꿇고 절했을 뿐만 아니라 그렇게 천국이 그들 사이에 왔음을 알았다. 제자들이 예수에게서 보고 들은 것들은 예수로 말미암아 이 세상이 새로운 시대, 곧 하나님의 은혜와 축복의 시대로 돌입한다는 신호탄일 뿐만 아니라 하나님의 나라가 예수를 통하여 나타났다는 것을 증명하는 역할을 한다.

예수의 말씀에는 천국과 예수의 뗄 수 없는 이 관계가 항상 전제되어 있다. 따라서 예수의 교훈을 듣거나 읽는 사람들은 이 전제를 알고 있어야만 그의 말씀을 제대로 이해할 수 있다. 이 전제 위에서 일만 달란트 빚진 자의 비유를 관찰하면 이 비유는 천국 자체가 아니라 천국이 가져온 하나님의 은총과 이것을 경험하는 인간의 책임에 초점을 맞춘다. 천국에 비유된 '자기 종들과 청산하려던 어떤 임금'이 하나님을 지시하기 때문에 이 비유는 우리가 이때까지 다룬 예수 중심의 비유와는 크게 다른 것처럼 보이지만 사실은 서로 깊이 연결되어 있다. 하늘나라는 다름 아닌 하나님의 나라요 또 인자의 나라, 그리스도의 나라다. 표현은 다소 달라졌지만 같은 나라를 의미한다.

일만 달란트 빚진 자의 비유는 예수께서 베드로의 질문에 대한 대답으로 주신 비유다. 베드로는 예수께 형제가 죄를 지으면 몇 번이나 용서해주어야 하는지를 물으며 일곱 번까지 할까요 하고 제안했다. 예수는 일곱 번뿐 아니라 일흔 번씩 일곱 번이라도 용서해야 한다고 대답하시고 이 일만 달란트 빚진 자의 비유를 말씀하셨다. 이 비유는 용서에 관한 교훈을 보충하시려고 주신 것이다.

마태복음에 이 비유가 수록된 위치로 볼 때 이 주제 '용서'는 18장 전체와 관련되어 있다. 마태복음 18장은 학자들 사이에 '교회설교'라는 별명으로 불린다. 복음서에서 교회라는 단어가 사용된 단 두 구절 중 하나며, 교인들 사이의 질서유지에 관한 말씀을 담고 있기 때문이다. 그러나 이 18장은 교회질서 전반에 대한 문제를 취급하지 않고 죄를 지은 형제의 경우만을 다루고 있다. 예수는 아무리 사소한 형제라도 업신여기거나 실족하게 해서는 안 된다는 말씀으로 이 설교를 시작하셨다. 그리고 어떤 형제가 죄를 지으면 교회가 자체의 정결을 유지하도록 따라야 할 규칙을 제시하신다. 이러한 문맥에서 보면 일만 달란트 빚진 자의 비유는 학자들이 흔히 인용하듯이 사회적 문제를 다루는 비유가 아니다. 비유에 나오는 빚을 글자 그대로의 빚, 즉 부채가 아니라 '죄'를 비유적으로 표현한 것이라고 보아야 한다. 부자들에게 가난한 자들을 돌아보고 그들의 고통을 덜어 달라고 당부하는 비유가 아니라는 말이다. 이 비유의 사회적 해석은 그럴 듯해 보여도 사실은 비유의 진정한 의미를 왜곡하는 것이다. 문맥과 함께 다음과 같이 분석하는 것이 옳다. 예수는 18장의 앞부분에서 죄를 지은 교인이 죄를 인정하지 않는 경우에 필요한 교훈을 주셨고 이 일만 달란트 빚진 자의 비유는 죄를 인정하는 경우, 특히 개인적으로 피해를 주는 경우에 필요한 교훈으로 주셨다.

달란트는 금이나 은의 중량을 재던 단위로 약 33킬로그램에 해당한다. 그 정확한 가치에 대해서는 시대와 장소에 따라 많은 변수가 있지만, 현대 가치로 대략 환산하면 금의 경우 약 11조 원, 은은 1,100억 원 정도다. 어떤 연구보고서는 당시 이스라엘의 일년 총생산액이 금 2달란트였다고 주장하는가 하면, 어떤 고대문서에는 이 지역에서 로마제국이 거둬들이던 세금이 1년에 약 금 600달란트였다고 전한다. 어떤 문서를 의존하든지 간에 임금의 종이 이 정도의 빚을 진다는 것은 불가능하다. 학자들은 이런 이유로 예수께서 실제사건을 인용하신 것이 아니라 교훈을 위해 과장법을 사용하셨다고 생각한다. 종의 빚진 상태를 극대화하여 천국의 은혜성에 대한 강렬한 인상을 심어 놓으려 하셨다는 것이다. 그러나 일만 달란트의 의미는 잠시 후에 나오는 백 데나리온 빚진 동료와 대조에서 제대로 살아난다. 데나리온은 당시 일꾼이 하루 품삯으로 받던 동전이다. 현재 한국의 하루 품삯을 5만 원으로 계산하면 100데나리온은 약 500만 원이 되는 셈이다. 그러니까 예수의 비유는 11조 원을 빚을 탕감 받은 사람이 500만 원을 탕감해 주지 않았다는 얘기가 된다. 예수께서 이 극단적 대조로 지적하려 하신 것은 하나님의 용서와 인간 용서의 차이이다.

비유는 재산을 정리하던 어떤 임금이 종들에게 모든 빚을 갚도록 명령하는 장면에서 막이 오른다. 한 사람씩 임금과 계산을 하던 중 일만 달란트를 빚지고 있던 어떤 종이 끌려왔다. 그는 빚은 졌으나 갚을 것이 없었다. 임금은 곧 모든 것을 팔아서라도 빚을 갚도록 압류명령을 내린다. 팔아야 할 것에는 종과 종의 아내와 자식들까지 모두 포함된다. 임금의 명령은 청천벽력은 아니었다. 빚을 진 종에게는 당연한 귀결이요 의무였다. 더는 피할 구멍이 없다고 느낀 종은 어떻게 해서든지 갚을 테니 조금만 더 참아 달라고 애걸복걸한다. 무릎을 꿇고 두 손을 비벼대는 가련한 종의 모습을 보고 임금은 측은한 생각이 들어 곧 빚을 모두 탕감해 준다.

예수께서 말씀하신 이 비유는 인간이 하나님께 얼마나 큰 죄의 빚을 지고 있는가를 중심 내용으로 삼고 있다. 일만 달란트와 같은 갚을 길 없는 빚을 두 어깨에 짊어지고 사는 인생. 그러나 가진 것도 갚을 힘도 없다. "의인은 하나도 없다"고 한 선지자의 외침은 공포를 조장하는 허황된 경고는 아니다. 하나님과 원수가 된 사람들! 이것이 예수의 눈에 비친 인생의 모습이었다. 일만 달란트를 빚졌다는 비유는 인간의 세계에서는 과장된 표현으로 보여도 하나님 앞에서는 오히려 약화된 표현이다. 성경의 언어로 한다면 하나님의 영원한 저주와 심판이 사람들 앞에 놓여 있다. 하나님의 마음에 연민과 사랑이 솟아나지 않았다면 누구도, 어떤 희망도 품을 수 없었을 것이다. 그러나 하나님은 종을 불쌍히 여긴 임금처럼 사람을 불쌍히 여기시고 사랑하셔서 용서와 회개의 기회를 주셨다. 그 아들을 보내시고 이 땅에 하나님의 나라를 시작하게 하신 것이다. 천국은 인간을 향한 하나님의 용서 선언이다. 회개의 기회를 주신 것이다. 예수를 통해 회개와 용서의 근거를 마련하신 것이다. 그래서 예수는 인간을 향해 이 회개와 용서의 나라로 들어오라고 부르신다. 하나님의 자비와 사랑을 알려주고 용서를 선언하는 것이 이 비유이다.

예수께서 모든 일을 성취하신 이후에 사는 우리는 사람들이 이 비유를 듣던 때보다 훨씬 더 선명하게 하나님의 용서에 대하여 말할 수 있다. 비유에서 임금으로 묘사된 하나님은 예수 그리스도의 십자가에서 일만 달란트나 되는 우리의 빚을 모두 탕감해 주셨다. 예수는 골고다의 십자가를 향해 가실 예정이었기 때문에 십자가가 세워지기 이전에도 사람들의 '죄의 짐'을 벗겨 주실 수 있었다. 자신이 땅에서 죄를 용서하는 권한을 가지고 있음을 알리시고자 한 앉은뱅이에게 실제로 용서를 선언하신 적도 있다. 예수께서 사람들을 오라고, 또 따르라고 부르신 것은 그들의 죄를 용서해 주시기 위해서였다. 그리고 이 용서를 모두에게 알리게 하기 위해서였다. 자기 백성을 그들의 죄로부터 건져내는 것이 예수의 사명이다. 예수에게서 시작된 천국은 이렇게 용서의 나라이다. 그래서 예수는 하나님의 자비와 사랑을 경험하도록 모두를 천국으로 부르셨다. 어부도, 세리도, 군인도, 창기도, 소경과 귀머거리도, 문둥이와 이방인도 부르셔서 데리고 다니시며 천국의 한 모퉁이를 만져보게 하신 것, 그것이 예수의 일이었다. 예수를 따르는 삶은 그들 모두에게 일만 달란트의 빚을 탕감하는 것과 같았다. 하나님의 사랑과 용서가 그들의 가슴에 뿌리를 내리고 있었던 것이다.

일만 달란트를 탕감 받은 종의 기쁨은 어떠했을까? 머리를 조아려 백배 감사하며 뒷걸음으로 나오는 그의 얼굴에는 희색과 미소가 감돌았을 것이다. 모두를 잃는다는 공포와 불안은 안도의 한숨으로 바뀌어 있었다. 그는 홀가분한 마음으로 나오다가 자신에게 백 데나리온을 빚진 동료 종을 만난다. 갚아야 할 부채가 없어지자 그는 이제 자신의 것을 악착같이 챙긴다. 마치 앙갚음이나 하듯 그 동료 종을 붙들어 멱살을 잡고 비틀며 빚을 갚으라고 고함지른다. 이 종의 처지는 더 딱했다. 그에게도 갚을 것이 없었다. 가진 것도 없다. 애원하는 일밖에는 그가 할 수 있는 일이라고는 아무것도 없었다. 그 종은 멱살을 잡은 그 동료 종이 조금 전에 임금 앞에서 했던 것과 똑같이 어떻게 해서든지 갚을 테니까 조금만 더 참아 달라고 호소한다. 일만 달란트를 탕감 받은 종은 그가 가진 것도, 갚을 것도 없다는 것을 뻔히 알면서도 동료의 애원에 흔들리지 않았다. 임금과 종의 두터운 장벽을 뛰어넘어 용서를 선언했던 그러한 임금의 자비와 사랑은 그에게 없었다. 그의 마음에는 동료를 향한 한 줌 동정심도 일지 않았다. 그래서 그 종은 동료 종의 애원과 간청을 무시하고 빚을 갚도록 무자비하게 옥에 가두어 버렸다. 그는 주인인 임금과 달랐다. 주인은 그를 측은히 여겨 일만 달란트나 되는 빚을 탕감해 주었지만, 그는 동료의 빚 백 데나리온도 탕감해 주지 않았다.

예수의 비유에 나오는 종의 모습은 너무나 인간적이다. 마치 인간의 본심을 화폭에 옮겨 놓으신 것 같다. 진 빚은 갚지 않고 받을 빚은 악착같이 받으려 한다. 자신에게는 관용을 남에게는 칼날을 들이댄다. 자신의 실수와 잘못은 다 용서하면서도 남의 사소한 허물도 참지 못하고 들추어낸다. 인간은 자신에게 만큼 이웃에게 너그럽지 못하다. 가진 자 앞에서는 굽실거리고 없는 자 앞에서는 거드름을 피우는 인간이다. 일만 달란트를 탕감 받은 사람이 맡은 연기는 인간의 본래 모습을 생생하게 재현하는 것이다. 그는 하나님의 엄청난 은혜를 까맣게 잊은 채 자신의 것을 챙기기에 급급하다. 동료의 고통과 슬픔은 안중에도 없다. 애절한 그의 모습은 임금의 마음을 움직였으나 애절한 동료의 호소에는 미동도 하지 않는다. 그의 마음은 한 푼어치의 동정도 자비도 또 사랑도 토해내지 못한다. 따뜻한 인간미마저 거추장스럽게 여기고 거부하는 것, 이것이 각박한 인간의 현실이다.

우리는 어떤가? 우리는 이 종과 조금 다른가? 아니면, 하나님께 용서받았다는 사실 때문에 더는 죄책감 없이 살아가면서도 막상 이웃의 죄와 불행에는 눈멀지 않았는가? 십자가의 찬란한 빛에 눈먼 우리는 얼마나 행복한가! 얼마나 즐거운가! 천국의 기쁨을 소유한 채 이제는 하나씩 차곡차곡 쌓아가기만 하면 된다. 우리는 이렇게 생각하며 세상을 탐닉하고 있지나 않은가? 더 얻으려고, 더 쌓고자 천국의 능력으로 무장한 후 살벌한 생존경쟁의 격전장으로 돌진하는 것이 우리의 삶이 아닐까? 천국의 백성이 세상까지 소유하면 얼마나 더 좋을까? 우리의 마음이다. 베드로도 예외가 아니었다. 일곱 번이면 되겠지요? 그는 그래도 우리보다는 나은 편이다. 우리는 한 번 용서했는데, 두 번이나 봐 주었는데 하고 말꼬리를 흐리는 데 익숙해져 있다. 더는 싫다는 태도를 우리는 너무 빨리 취한다. 사실 한두 번의 용서도 마지못해 억지로 하는 것이다. 용서받는 데는 끝없는 인내심을 발휘하는 우리가 용서하는 데는 너무 빨리 지친다. 일만 달란트를 탕감 받은 그 종의 행동이 우리 마음에 그대로 복사된 것이다. 임금의 자비와 사랑을 경험하고 나서 곧바로 이웃의 작은 빚에 눈을 부라리며 멱살을 움켜쥐고 주먹을 휘두르다 끝내 감옥에 던져 넣고 마는 우리다. 우리는 일곱 번이면 충분하지요 하고 성급하게 묻는 오늘의 베드로다. 그렇지만, 예수는 일흔 번씩 일곱 번도 부족하다고 대답하신다. 용서는 횟수를 따질 문제가 아니다. 가없는 하나님의 은혜에 젖은 사람들이, 값진 천국을 품고 영원한 용서를 소유한 사람들이 이런 식으로 자신의 행동을 저울질하고 용서의 한계를 설정하려는 것은 일만 달란트를 탕감 받은 종이 보인 태도와 조금도 다르지 않다.

이 광경을 보고 있던 다른 동료 종들의 가슴이 찢어졌다. 그들은 탕감 받은 일만 달란트와 탕감해 주지 않은 백 데나리온을 객관적 입장에서 저울질할 수 있는 사람들이다. 그래서 몹시 가슴 아파하며 임금에게 이 소식을 알렸다. 비유를 풍자, 즉 알레고리로 해석하는 것이 허용된다면, 이 부분을 이렇게 해석하고 싶다. 하나님의 은혜를 경험한 사람들이 다른 사람에게 은혜를 베풀 줄 모를 때 교회 밖의 사람들이 더 바른 판단력을 가지고 교회를 지탄할 수 있다. 동료 종들이 작성한 탄원서는 교회의 무자비하고 이기적인 삶이 천국과는 상관이 없는 사람들에 의하여 창피를 당하게 될 것이라는 엄숙한 경고로 받아들여져야 할 것이다.

 임금은 소식을 듣고 노발대발하며 그 종을 다시 불렀다. 다 끝났다고 생각했는데 다 끝난 것이 아니었다. 임금은 자신이 이미 베푼 은혜를 번복했다. 빚 갚을 일이 다 끝났으니까 꾸어준 것만 찾으면 된다고 생각하고 동료에게 무자비하게 대했던 것은 엄청난 착각이 되고 말았다. 임금에게는 용서의 선언이 결코 끝을 의미하지 않았다. 누구도 하나님의 용서에 안주할 수 없다. 용서받은 사람들도 용서받지 못한 사람들이나 마찬가지로 변함없이 역사의 현장을 살아간다. 과거를 용서받았다고 해서 아무렇게나 살아서는 안 된다. 임금은 고개를 숙인 그 종을 다시 소환한 이유를 이렇게 말한다. "악한 종아, 내게 빌었기 때문에 모든 빚을 네게 탕감해 주었다. 내가 너를 가엾이 여긴 것처럼 너도 네 동료 종을 가엾이 여겼어야 하지 않느냐?"32~33절 하나님의 자비를 입어 용서를 받은 사람이 다른 사람에게 자비심을 보이지 않았기 때문에 이제 악한 종이라 불린다. 선과 악, 의와 불의의 기준이 헌 것 구약의 율법과 새것 예수의 교훈에 제한되지 않고 하나님의 사역 원리와 하나님의 성품에까지 확대되고 있다. 천국의 자녀는 천국의 왕을 닮아가야 한다. 주인의 음성을 듣고 따르며 지키는 것만으로는 부족하다. 하나님은 자신이 했던 것과 같은 행동을 빚을 탕감해준 종에게 기대하셨다. 임금의 이 기대에 부응하지 못한 것이 종의 또 다른 잘못이었다. 임금은 용서의 선언으로 빚진 종과의 관계를 끝내신 것이 아니다. 끝났다고 생각하는 그 시점에서 다시 시작하며 새로운 삶을 살며 미래로 나아가야 한다. 이렇게 하나님의 자비와 용서는 인간의 자비와 사랑의 시작을 뜻한다.

  종에게 실망하고 분노한 임금은 용서를 번복하고 일만 달란트를 탕감해 주었던 종이 그의 동료에게 했던 그대로 자신에게 진 빚을 모두 갚도록 명령하며 그를 옥에 가둔다. 이 비유를 계속 논리적으로 설명하려고 하면 누구나 돌이킬 수 없는 함정에 빠지고 만다. 왜냐하면, 하나님의 사랑과 은혜가 취소되었기 때문이다. 더구나 인간의 무자비가 신의 자비로운 은혜를 뒤집어엎는 결과를 만들어내기 때문이다. 우리가 다른 사람을 용서하지 않는다고 해서 한 번 주어진 하나님의 자비와 용서가 달라지거나 번복될 수 있는가? 이런 것이 하나님의 사랑인가? 그러나 이 비유는 이처럼 모순되는 상황을 그리고 막을 내린다. 용서를 바꾸신 하나님이라고 불러도 좋을까? 그렇다면, 하나님의 용서란 영원한 판단이 아니라 여전히 유동적이고 언제라도 취소될 수 있는 은혜인가? 예수께서 일만 달란트의 탕감으로 비유하신 하나님의 용서가 이런 것이라면 용서가 없는 것과 있는 것의 차이는 무엇인가?

우리는 그물의 비유와 알곡과 독보리의 비유에서도 비슷한 문제에 부딪힌 적이 있다. 이 두 비유에서는 예수를 향한 믿음과 그 믿음의 열매로 드러나야 하는 삶 사이의 떼어 놓을 수 없는 관계가 주제였다. 이 비유에서는 하나님의 은총과 그 은총을 경험한 사람의 책임 사이에 떼어 놓을 수 없는 긴밀한 관계가 취급된다. 예수의 가르침에서 하나님의 은총과 인간의 책임, 예수를 향한 믿음과 예수의 말씀을 따르는 행위는 끊을 수 없는, 따라서 부정해서는 안 되는 견고한 쇠사슬로 연결되어 있다. 믿음 자체로 멈추는 것은, 즉 믿음의 결과로 당연히 나타나야 할 열매가 없는 것은 믿음의 진실성에 의문을 갖게 한다. 마찬가지로 하나님의 은총을 받은 사실에 만족하고 멋대로 살아가는 것은 은총을 베푸시고 그 은총에 어울리는 행동과 삶을 기대하시는 하나님을 정말 바로 섬기고 있느냐는 의문을 제기한다. 자신을 믿으라고 요청하신 예수께서 자신의 교훈을 지켜 달라고 함께 요구하셨듯이 이 비유는 하나님께서 자신의 은총과 축복을 경험하고 소유한 사람들에게 그 축복에 어울리는 삶을 기대하신다는 천국의 비밀을 우리에게 알려 준다. 따라서 일만 달란트의 빚을 탕감 받은 종은 당연히 동료 종을 불쌍히 여기고 작은 빚이라도 탕감해 주었어야 한다. 분리할 수 없는 이 관계가 분리될 때 논리적 모순처럼 보이는 사태가 발생하는 것이다. 마태복음 6장 14~15절에도 같은 내용이 수록되어 있다. "너희가 사람들의 잘못을 용서해 주면 너희 하늘 아버지께서도 너희를 용서해 주시지만 너희가 사람들을 용서해 주지 않으면 너희 아버지께서도 너희 잘못을 용서해 주지 않으실 것이다."

씨 뿌리는 자의 비유에 나타났듯이 예수는 동일한 천국의 말씀을 뿌리는데 그 말씀을 받는 사람들의 태도 여하에 따라 다른 결과를 만들어 내는 것이 천국의 현실적 모습이다. 이 일만 달란트 빚진 자의 비유에도 같은 논리가 적용되고 있다. 하나님의 은총이 주어졌을 때 이 은총에 상응하는 태도를 나타내지 않으면 하나님의 은총이 계속 적용되지는 않는다. 예수께서 이 비유에서 강조하신 것은 하나님의 은총과 죄의 용서를 아는 사람이라면 같은 처지의 이웃에게 냉정하게 행동할 수 없다는 것이다. 하나님이 자신의 법대로 하지 아니하시고 사랑을 따라 우리를 대우하시기 때문이다. 그래서 하나님의 은총은 우리의 삶의 원리가 된다. 하나님의 축복이 인간이 바르게 행동해야 할 이유를 제공하는 것이다. 일만 달란트의 빚을 탕감 받고서도 하나님을 믿지 아니하는 사람들처럼 형제를 용서하지 못하고 이웃의 고통에 귀 기울이지 않고 그들을 위해 조금도 자신의 것을 희생할 수 없다면 그는 하나님의 일을 정말 가슴으로 느끼는 사람일까? 예수의 논리는 은혜를 입은 사람은 은혜를 갚을 줄 알아야 한다는 비교적 단순한 것이다. 예수는 하나님께 은혜를 입은 사람이 동료 사람에게 은혜를 베풀며 "우리 또한 우리의 빚진 사람들을 용서한 것처럼 우리의 빚을 용서해 주소서"마6:12 하고 매일 기도할 수 있기를 바라신다.

예수에 의하면 용서는 무엇보다 마음의 문제이다. 하나님의 용서에 감복하는 사람은 마음으로부터 우러나서 사람을 용서하게 된다. 또 용서해야만 한다. 이 관계는 믿음과 행위의 관계처럼 필연적이다. 따라서 하나님처럼 자비를 베풀지 못한다는 사실은 그가 하나님의 자비를 이해하지 못했고 진심으로 승복하지 못했다는 증거가 된다. 이런 이유로 비유의 마지막에 "너희 각 사람이 자기 형제를 자기의 마음으로 용서해 주지 않으면 하늘의 내 아버지께서도 너희에게 이렇게 하실 것이다"는 예수의 경고가 첨부된다. '이렇게'는 비유의 결론을 지시한다. 즉 임금이 종에게 베푼 호의를 철회하신 것처럼, 하나님의 은총을 진정으로 이해하지 못하여 하나님을 따라 하지 못하는 사람에게는 더는 은총이 주어지지 않는다는 말씀이다. 누구도 인간을 향하신 하나님의 기대를 저버리거나 무시해서는 안 된다. 하나님은 자신의 거룩한 것을 결코 개에게 던지지 아니하시고 자신의 하늘 진주를 절대로 돼지에게 맡기지 않으신다. 우리는 하나님의 보화를 보화답게 간직함으로써 우리가 비유 속의 개, 돼지[마7:6]가 아니라는 사실을 확인해야 한다. 하나님의 은총의 가치를 알고 지킬 수 있는 사람에게만 하나님의 은총이 주어진다는 것이 이 비유의 핵심이다.

포도원의 주인

하늘나라는 어떤 사람, 곧 자기 포도원에서 일할 일꾼들을 사려고 아침 일찍 나간 집주인과 같다. 그는 일꾼들과 하루 한 데나리온에 합의하고 그들을 자기 포도원에 들여보냈다. 그는 또 세 시쯤에 나가서 일없이 장터에 서 있는 다른 사람들을 보고 그들에게 말하였다. 자네들도 포도원에 들어가게. 그러면 자네들에게 정당한 삯을 주겠네. 그러자 그들이 갔다. 그는 여섯 시쯤과 아홉 시쯤에 다시 나가서 그와 같이 하였다. 그가 열한 시쯤에 나가서 다른 사람들이 서 있는 것을 발견하고는 그들에게 말하였다. 왜 자네들은 온종일 일없이 여기 서 있는가? 그들이 그에게 말하였다. 아무도 우리에게 일을 주지 않기 때문입니다. 그가 그들에게 말하였다. 자네들도 포도원에 들어가게. 저녁이 되어서 포도원 주인이 자기 관리인에게 말하였다. 일꾼들을 불러서 마지막에 온 사람들부터 시작하여 처음 온 사람들에게까지 그들에게 품삯을 주어라. 열한 시쯤에 온 사람들이 와서 한 데나리온씩 받았다. 그러자 처음에 온 사람들이 와서 자기들은 더 많이 받을 것으로 생각했으나 그들도 한 데나리온씩 받았다. 받고 나서 그들은 집주인을 향하여 투덜거리며 말하였다. 마지막에 온 이 사람들은 한 시간 일했는데 당신은 뙤약볕 밑에서 종일 짐을 나른 우리를 그들과 똑같이 대우하였습니다. 집주인이 그들 가운데 하나에게 대답하였다. 친구여, 나는 자네에게 잘못하지 않았네. 자네가 나와 한 데나리온에 합의하지 않았는가? 자네 것이나 가지고 가게. 마지막에 온 이 사람에게도 자네에게처럼 주고 싶네. 내 것으로 내 뜻대로 하는 것이 내게 부당한가? 아니면 내가 후하기 때문에 자네 눈에 거슬리는가? 이렇게 꼴찌들이 첫째가 되고 첫째들이 꼴찌가 될 것이다. 〈마20:1~16〉

마태복음 19장에는 이 포도원 주인의 비유 배경이 설정되어 있다. 우리는 이 배경을 통해 포도원 주인의 비유를 어떻게 이해해야 할 것인지에 대한 일차적 한계를 설정할 수 있다.

마태복음 19장의 주제는 천국에 들어가는 것이다. 13~15절에는 예수께서 어린 아이를 안수하시며 "천국이 이런 자의 것이다"라고 선언하신 사건이, 16~22절에는 어떤 청년이 예수께 와서 무슨 일을 해야 영생을 얻을 것인가를 질문한 사건이 기록되어 있다. 예수와 청년 사이의 대화에서 영생을 얻는 것은 영생에 들어가는 것과 하늘에서 보화를 얻는 것으로 대체된다. 23~24절에서 이 표현은 다시 천국에 들어가는 것과 구원을 얻는 것으로 설명된다. 따라서 영생, 천국, 구원은 같은 것을 지시하는 단어로서 관점이 다를 뿐이다. 이 주제 천국은 베드로와의 대화에도 계속된다. 예수는 모든 것을 버리고 자신을 좇는 제자들에게 그들이 열두 보좌에 앉아 이스라엘 열두 지파를 심판할 것이라고 예언하신다. 또 자신의 이름을 위하여 집이나 형제나 자매나 부모나 자식이나 전토를 버린 자마다 영생을 상속하리라는 약속도 잊지 않으셨다.

이 말씀들을 천국과 관련하여 두 가지로 요약할 수 있다. 첫째, 천국의 주도권은 하나님께 있다. 하나님께서 먼저 시작하시고 사람들을 부르신다. 둘째, 인간은 하나님 구속사역의 적극적인 동반자다. 그들은 온 힘을 다하여 하나님의 부르심과 사역에 응해야 한다. 이 두 내용은 포도원 주인의 비유에 그대로 반영된다. 그러나 더 중요한 것은 이러한 내용을 마무리 지으며 덧붙이신 말씀이다. "많은 첫째들이 꼴찌가 되고 꼴찌들이 첫째가 될 것이다."마 19:30 포도원 주인의 비유도 같은 말씀으로 끝난다. 천국의 질서나 법칙은 세상의 것과는 다르다. 천국의 질서를 세상의 질서와 같은 방식대로 설명한다면, 첫째는 꼴찌가 되고 꼴찌는 첫째가 되는 것이다. 이러한 천국 질서의 의미를 설명하는 것이 바로 포도원 주인의 비유이다.

포도원 주인의 비유를 더욱더 정확하게 이해하려면 예수께서 이 비유를 말씀하셨던 때의 역사적 상황과 당시의 메시아 대망 사상을 고려해야 한다. 이 비유를 말씀하신 때는 예수의 사역 중 마지막 순간이 시작될 시점이었다. 예수는 자신이 예루살렘에서 유대 지도자들에게 많은 고난을 받고 죽임을 당하고 사흘 만에 부활하셔야만 한다고 예고해 오셨던 대로 그 순간을 위해 예루살렘으로 올라가고 계셨던 것이다. 그를 따라가는 제자들의 신앙과 정신은 예수의 사역 초기보다는 달라져 있었다. 그들은 예수를 그들을 구원하시는 하나님의 아들로 확신하고 있었을 뿐만 아니라 그에게 경배하기도 주저하지 않았다. 예수의 입에서 자주 '종말'이나 '이별' 등의 말들이 나오고 그러한 일이 일어날 것이라는 예루살렘이 점점 가까워지자 그들은 흥분과 기대로 들뜨고 있었다. 그들은 예수께서 예고하신 수난, 죽음, 부활을 이 세상의 종말, 즉 그들이 기대하고 있었던 천국의 출현으로 이해했던 것으로 보인다. 성경은 예수께서 승천하시기 직전까지도 그들이 천국을 장소적, 시간상으로 이해했고 천국을 종말론적인 것으로 이해하고 있었음을 보여준다. 그렇다면, 그들의 흥분은 가히 열광적이었을 것이다. 제자들은 예수를 왕으로 모시고 세계에 군림할 자신들의 모습을 상상하면서 누가 더 큰가, 천국에서 누가 높은 자리를 얻게 될 것인가 하는 논쟁을 하기도 했다. 예수는 어린이들을 예로 드리며 그들의 천국관과 명예욕이 정당하지 않음을 지적하셨지만, 제자들은 예수의 말씀을 새겨듣지 않았다.

포도원 주인의 비유는 바로 이런 문제에 대한 답을 주시기 위한 것이다. 천국은 먼저 온 자가 크게 되고 나중 온 자가 작아지는 곳이 아니다. 이런 식으로 말한다면 첫째들이 꼴찌가 되고 꼴찌들이 첫째가 되는 것이 천국의 원리이다.

예수는 천국을 어떤 집주인에 비유하셨다. 따라서 이 포도원 주인의 비유를 바르게 이해하려면 이 집주인에게 초점을 맞추어야 하며 그가 어떤 행동과 어떤 생각을 했느냐에 관심을 둬야 한다. 여기 사용된 시각은 유대 방식을 따른 것이다. 지금 우리가 사용하는 시간 구분 방법은 로마식과 유사한데, 유대식과 로마식 사이에는 약 6시간의 차이가 있다. 비유에 나오는 새벽, 3시, 6시, 9시, 11시, 계산할 때의 여섯 시각은 우리의 새벽, 9시, 12시, 오후 3시, 5시, 6시에 해당한다.

어떤 포도원 주인이 있었다. 그는 일꾼을 구하려고 새벽같이 인력시장으로 나갔다. 쓸 만한 품꾼들을 물색해서 한 데나리온의 품삯을 주기로 약속하고 포도원으로 데리고 갔다. 그는 자기에게 필요한 일꾼들을 모두 고용하지 않았을까? 그러나 그는 9시, 즉 해가 뜰 때에 장터에 나갔다가 그곳에 놀고 서 있는 사람들을 발견하고 이들도 포도원으로 들여보냈다. 이 두 번째 경우는 새벽에 주인이 고용했던 일꾼들의 경우와 두 가지 점에서 차이가 난다. 첫째, 그들이 일없이 놀고 있었다는 점으로 보아 주인이 이들을 고용한 것이 필요에 의해서라기보다는 그들을 돕고자 일자리를 제공했다는 인상을 준다. 둘째, 그래서인지 주인은 노동에 대한 대가를 정식으로 약속하지 않고 정당한 보수를 준다고만 했다. 주인은 정오에도 그리고 오후 3시에도 계속 품꾼들을 고용한다. 이 두 경우에 대해서는 별다른 설명이 없는 점을 고려하여 두 번째 경우와 크게 다르지 않았을 것으로 추측할 수 있다. 주인은 오후 5시에도 시장에 나갔다. 시장에 하루 종일 놀고 서 있는 사람들에게 포도원 주인은 그 이유를 물었다. 그들의 대답은 간단했다. 아무도 그들을 품꾼으로 써 주지 않는다는 것이다. 그들은 일하기 싫어하는 사람들이 아니었다. 주인은 그들이 한 시간밖에 일할 수 없다는 것을 뻔히 알면서도 이들을 포도원으로 들여보냈다. 그는 계속 품꾼들을 고용했지만 처음 두 경우를 제외하고는 품삯에 대해 얘기를 하지 않았다. 이들은 삯을 흥정할 만한 입장이 아니었기 때문이었을까? 비유에는 답이 없지만, 주인이 일거리를 주는 것만으로도 이들은 매우 고마워했으리라 추측해도 좋을 것이다.

저녁이 되어 일꾼들이 일을 끝내고 품삯을 받으려고 포도원 주인과 청지기 앞에 모였다. 하루 중 가장 즐거운 시간이다. 주인의 명령으로 청지기는 마지막으로 불려 와서 한 시간가량 일한 일꾼부터 삯을 지급했다. 5시에 들어왔던 일꾼들이 한 데나리온의 품삯을 받았다. 한 데나리온은 하루치의 품삯이지만 이들은 한 시간 일하고도 포도원 주인의 배려로 하루 품삯을 받은 것이다. 이 사람들이 한 시간만 일했다는 것을 알고 있던 다른 일꾼들은 이 광경을 지켜보면서 속으로 자기들이 받을 수 있는 돈을 추정해 보지 않았을까? 이런 식으로 계산한다면 세 시간 일한 사람들은 세 데나리온, 여섯 시간 일한 사람들은 여섯 데나리온, 처음에 한 데나리온을 약속하고 일하러 왔던 사람들은 아마 열두 데나리온을 받을 수 있다. 이런 계산이 무리라고 하더라도 그들은 적어도 한 데나리온 이상을 받으리라고 기대했음직 하다. 한 시간 일한 사람들보다 더 오래 일했으니까 더 많이 받는 것이 당연하다. 이런 것은 상식 아닌가? 그러나 주인은 모두에게 똑같이 한 데나리온을 지급했다. 틀림없이 더 받으리라고 생각했던 일꾼들의 기대는 빗나가고 말았다. 소박한 꿈이 무너지자 불평이 튀어나왔다. 더위와 싸우며 종일 고생한 우리와 한 시간밖에 일하지 않은 사람을 왜 똑같이 취급하는가? 적어도 조금은 더 주어야 하지 않는가? 불평을 널어놓은 사람들은 새벽부터 와서 일한 사람들이었다. 그러나 주인은 주인대로의 이유가 충분했다. 자신은 약속한 대로 했을 뿐 잘못한 것이 없다고 말한다. 약속한 한 데나리온을 지급했으니까 약속을 지킨 것이다. 그다음에 온 일꾼들에게는 얼마를 주겠다고 말하지 않았으니까 한 데나리온은 잘못된 것이 아니다. 포도원 주인은 새벽부터 일한 사람들이 이 문제로 불평하거나 원망해서는 안 된다고 잘라 말했다. 왜냐하면, 늦게 온 사람들에게 똑같은 품삯을 지급한 것은 순전히 주인의 뜻이기 때문이다. 주인은 자기 것을 마음대로 할 수 있었고 자기 것을 가지고 하루 종일 일없이 서성거린 사람들에게 선심을 베풀었던 것이다. 포도원 주인은 자신의 행동이 선하다고 판단한다.

이 비유에 사용된 포도원이란 비유어를 그물의 비유에서와 마찬가지로 천국의 자녀가 구성하는 어떤 집단이나 천국의 영향력이 미치는 범위로 이해해도 좋다면 포도원 주인은 곧 하나님이나 예수를 지시하는 비유어라고 할 수 있다. 예수께서 오심으로 말미암아 시작된 천국은 포도원 주인이 일꾼들을 불러들이는 것 같이 하나님께서 사람들을 자신의 나라로 불러 모으시는 것이다. 포도원의 주인이 일꾼들과 약속을 하는 것처럼 처음부터 천국의 목적에 이바지하도록 특수하게 부름을 받는 사람들이 있는가 하면, 그 이외에 더 많은 사람은 주인의 동정심과 자비에 의해 부름을 받게 된다. 예수께서 열두 사도를 부르신 것과 다른 제자들을 부르신 것은 분명히 같지 않았다. 예수께서 열두 사도를 대하시는 태도도 무언가 달랐다. 그들에게 기대하신 것도 같다고 할 수 없다. 이 비유로 들어오기 직전에 있었던 예수의 말씀도 이 두 종류의 제자들이 별도로 취급되고 있음을 우리는 이미 확인하였다. 제자들 자신도 이점을 인식하거나 당연하게 받아들이지 않았을까? 열두 제자들은 자신이 다른 제자들보다 우위에 있다고 생각했을 수도 있다. 꼴찌들이 첫째가 되고 첫째들이 꼴찌가 될 것이라는 예수의 말씀을 바로 이러한 실제 상황에 연결하여 생각해보면 예수께서 처음 온 일꾼들로 열두 제자들을, 그 후에 온 다른 일꾼들로 열둘 이외의 제자들을 비유하셨으리라 추정하는 것은 자연스러워 보인다.

어떤 방법이나 목적으로 천국과 관계를 맺든지 간에 하나님은 그들에게 충성을 요구하신다. 만약 누가 천국의 왕이신 하나님께서 가지셨던 기대에 미치지 못할 때 최후의 순간에 천국에 들어가는 것이 허락되지 않는다. 이것은 일만 달란트의 빚진 종의 비유와 그물의 비유, 알곡과 독보리의 비유에서 취급한 것이다. 반대로 부름을 받은 사람들이 하나님의 기대를 충족시켜 그들이 하나님의 은혜를 헛되이 받지 않았다는 것을 증명할 때에는 천국이 최종적으로 확인된다. 이것이 포도원 주인의 비유가 말하려는 내용이다. 현세적 천국과 관련이 있는 영원한 삶은 역사가 아직 진행 중이므로 유동적인 것으로 표현되고 있다.

모두가 열심히 일하였다. 하나님의 요구대로 살았다. 땀을 흘리며 수고하며 일생을 살았다. 주님께서 맡기신 일에 충성하였다. 천국의 말씀을 듣고 기뻐하며 박해와 고통을 견디고 세상의 유혹을 이겼다. 천국의 백성으로서 겪어야 할 온갖 어려움을 참으며 주님의 십자가를 붙들고 끝까지 신앙을 지켰다. 그래서 승리의 노래를 부르며 세상에서의 삶을 마감하게 되었다. 석양 지는 포도원

입구에서 모두가 삯을 받으려고 줄을 선다. 독보리는 다 골라내어 불 아궁이에 벌써 던져 넣었다. 먹을 수 없는 고기는 다 골라내어 버렸다. 천국에서 열심히 일한 사람들만이 줄을 서서 포도원 주인을 만나려고 한다. 밝은 웃음을 띠고 하루의 피로를 뒤로하며 자기 차례를 기다린다. 포도원 주인의 비유가 가진 이 종말론적 분위기는 이 비유의 배경이 되는 19장 끝에 이미 나타나 있다. 그곳에서 예수는 열두 제자들에게 새 세상에서의 열두 보좌를, 예수를 위해 모든 것을 버린 사람들에게는 영생을 약속하셨다.

예수께서 먼저 제자가 된 사람들이 나중에 제자가 된 사람들보다 좀 더 큰 것을 좀 더 많이 받을 것이라고 예언하신 것일까? 열두 보좌란 열두 사도가 앉을, 예수 주위의 권좌를 의미하는가? 천국에도 위계질서가 있어서 제자들이 하늘나라에서 더 위대해지거나 더 큰 상을 받으려고 애를 쓰는 것은 피할 수 없는 일인가? 이 세상은 공평을 말한다. 이 공평은 개인의 능력에 따라 계산된다. 한 시간에 한 데나리온씩. 두 시간 일했으면 두 데나리온, 세 시간 일했으면 세 데나리온을 주는 것이 공평을 원하는 인간의 지혜다. 많이 일한 사람은 많이, 조금 일한 사람은 적게 받게 한다. 인간의 공평한 처우를 따르면 최초로 예수의 제자가 되어 사도로 임명받아 교회의 초석을 놓는 사명을 가진 열두 제자는 다른 제자들보다 당연히 더 높은 천국의 자리를 차지하고 더 많은 것을 받아야 한다. 그들은 예수의 말씀과 행적의 최초 목격자였다. 그들은 예수 주위에 아무도 없을 때부터 예수께서 하시는 일을 보고 그의 설교를 들어두었다가 다른 사람들에게 전하고 예루살렘과 온 유대와 사마리아와 땅끝까지 복음이 퍼질 수 있게 한 특별한 사람들이다. 그러므로 그들이 남들보다 다른 무엇을 기대하는 것은 너무나 당연해 보인다. 이에 비해 그 뒤에 온 사람들은 포도원에 들어가 일하고 한 데나리온을 받게 된 것에도 감사할 수 있는 사람들이다. 이렇게 이 비유는 누구보다도 먼저 예수를 만나 제자가 되고 사도로 임명받고 열두 보좌를 약속받은 열두 제자를 훈계하시고자 주신 것이다. 한 데나리온의 약속에 포도원에 들어온 일꾼들은 겨우 한 시간 일한 사람의 손에 놓이는 데나리온 하나를 보면서 밝게 빛나는 은전을 기대했다. 그러나 그들도 한 데나리온밖에는 가져가지 못했다. 누구나 한 데나리온씩이었다. 열두 제자도 다를 것이 없다. 그 한 데나리온도 인간에게 베푸시는 하나님의 은혜를 상징하는 것이기 때문이다. 아니, 천국에서 하나님의 일을 하도록 초대하신 것만 해도 감격해 해야 할 하나님의 자비다. 천국으로 들어오도록 초청을 받는 사람이라면 하나님이 부르신 사실에 감사하며 맡긴 일에 충성을 다해야 하는 것이 천국의 질서다. 처음 온 사람들이 열심히 일하고서도 감사하는 마음을 가지지 못한다면 그는 꼴찌다. 꼴찌로 온 사람들이 조금만 일하고서도 감사하는 마음을 가진다면 그는 첫째다.

천국은 하나님의 손에 달렸다. 하나님은 자신의 것으로 모두에게 나누어주시고 나누어주신 것에 대한 감사와 충성을 요구하신다. 예수께서 이 세상에 천국을 시작하시고 제자들을 불러 모으신 것은 모두가 천편일률적으로 행동하는 인조인간의 세계를 만들려는 것이 아니었다. 다른 특성이 있는 사람들이 하나님의 일을 받아들이고 예수를 믿으며 그들의 다양한 조건 속에서도 하나님의 은혜를 감사하며 서로 사랑하고 관용과 용서와 양보와 희생으로 살아가는 세계가 예수께서 원하신 천국이다. 천국은 이 세상과는 원리부터 다르다. 천국의 질서는 근본적으로 마음에 달렸고 이 마음은 하나님의 사랑과 축복, 예수 그리스도를 향한 믿음에 감염되어 있어야 한다. 하나님의 은총과 예수를 믿음에서 우러나오는 진정한 형제들, 진정한 자매들의 세상이 천국이다. 그 마음에서 불평과 불만, 원망이 솟아나온다면 첫째가 꼴찌가 되고 꼴찌가 첫째가 되는 현상이 일어나고야 말 것이다.

예수께서 열두 사도들의 자만심, 이기심, 영웅심을 이런 방식으로 훈계하셨다면 21세기에 사는 우리는 어떠한가? 교회와 전통, 성직과 신학이란 이름으로 얼마나 많은 그리스도인이 또 하나의 권위를 조장하거나 묵인하려 하는가! 열두 사도들에게도 인정하지 않던 종교적 기득권이 현대 사회구조를 등에 업고 교회 안에서 작용하고 있지나 않은가! 먼저 온 사람이 죽을 때까지 큰소리치는 논리가 교회를 지배하고 있다. 많이 가진 사람이 앞자리에 앉는 것이 공공연히 허락된다. 많이 배운 사람이 목소리를 높이도록 허용한다. 더욱 악착같이 달려드는 사람이 큰 것을 집듯이 천국을 빼앗는다. 한 마디로, 사회의 모든 논리가 그리스도와는 상관없는 상식, 통념, 관습, 전통, 체면 등의 이름으로 교회에 들어와서 자리를 잡고 있다. 헌신과 사명의 이름으로 교회 안에서도 인간의 욕망과 종교적 생존경쟁이 활보한다. 우리는 기독교적 색채를 띤 다른 이기심과 자만심, 영웅심의 포로가 되어 있다. 그래서 그리스도를 위한 일과 자신을 위한 일이 중첩되어 나타난다. 그러다 보니 조금 더 받고 조금 더 높은 자리를 차지하려는 불평이 포도원을 채우고 있다. 앞에 온 사람이 있기 때문이다. 먼저 와서 더 많이 일했으니 더 받아야 한다고 하소연하는 사람이 있기 때문이다. 그러나 주님이 주시는 것은 한 데나리온이다. 모두에게 한 데나리온씩. 한 데나리온도 우리에게는 얼마나 귀중한가! 천국은 경쟁과 야망과 질투와 시기의 나라가 아니다. 불평과 원망의 나라가 아니다. 은혜와 감사와 사랑과 자비의 나라다. 그런데도 불구하고 첫째를 원하고 더 높은 자리를 원한다면 하나님의 나라는 첫째가 꼴찌가 되고 꼴찌가 첫째가 되는 나라다.

두 아들

그러나 너희는 어떻게 생각하느냐? 어떤 사람이 아이 둘이 있었는데 맏이에게 가서 말하였다. 얘야, 오늘 포도원에 가서 일해라. 맏이는 하고 싶지 않습니다 하고 대답하였지만, 나중에 뉘우치고 갔다. 아버지가 다른 아이에게 가서 그와 같이 말하자 그는 제가 하겠습니다 아버지 하고 대답했지만 가지 않았다. 둘 중에서 누가 아버지의 뜻대로 하였느냐? 그들이 말하였다. 맏이입니다. 예수께서 그들에게 말씀하셨다. 참으로 내가 너희에게 말하는데, 세리들과 창기들이 너희에 앞서 하나님의 나라에 들어가고 있다. 왜냐하면, 요한이 의의 길로 너희에게 왔는데도 너희는 그를 믿지 않았지만, 세리들과 창기들은 그를 믿었고, 너희들은 이것을 보고도 끝내 뉘우치지 않고 그를 믿지 않았기 때문이다. 〈마 21:28~32〉

이 비유는 다른 비유들처럼 "천국은 … 과 같다"는 형식으로 시작하지 않아서 천국의 비밀과는 아무 상관이 없는 비유처럼 알려졌다. 그러나 이 비유는 이어서 나오는 포도원의 비유^{마21:33~46}나 결혼잔치의 비유^{마22:1~14}와 비슷하면서도 서로 연관성이 있는 주제를 다루고 있다. 즉 한 주제가 이 세 비유에 부분적으로 등장하며 조금씩 발전하면서 서로 다른 비유를 보충해준다. 형식상으로도 세 비유는 하나로 연결된다. 포도원의 비유는 "다른 비유를 들어라"는 예수의 말씀으로 시작하고 결혼잔치의 비유는 "예수께서 다시 비유로 말씀하셨다"라는 설명구로 시작한다. 이 두 비유를 앞의 두 비유와 연결하여 읽을 것을 지시하는 것이다. 결혼잔치의 비유가 "천국은 … 과 같다"는 형식으로 시작한다는 것과 이 세 비유가 내용이나 형식 면에서 연관성이 있다는 점을 고려할 때 지금 다루려는 두 아들의 비유도 천국 비유의 범주 안에 들어 있다고 보아야 한다.

두 아들의 비유가 등장하는 발단은 다음과 같다. 예루살렘 성전을 주관하던 대제사장들과 유대지도자들은 예수께서 성전에서 가르치시는 것을 좋지 않게 생각한 나머지 누가 그에게 가르칠 권한을 주었는지를 질문한다. 예수는 질문에 직접 대답하시지 않고 다른 질문을 하심으로써 도리어 그들을 공격하신다. 예수께서 던지신 질문은 "세례 요한의 세례가 하늘에서 왔느냐 아니면 사람에게서 왔느냐?"는 것이다. '하늘로서'라는 말은 '하나님에게서'라는 뜻이다. 유대인들은 그들의 입술이 더럽고 부정하다고 생각했기 때문에 거룩하신 하나님의 이름을 감히 입에 올리려 하지 않았다. 하나님의 이름이나 칭호 대신에 '나의 주님' 또는 간접적으로 '하늘'을 사용하는 것이 당시의 관습이었다. '하늘'은 하나님의 대용어였던 것이다. 이렇게 보면 예수는 요한이 회개의 세례를 베풀며 하늘나라를 대비하라고 외친 것이 그 자신의 뜻으로 한 것인지, 아니면 하나님에게 그 근원을 두는 진리 운동인지를 질문하신 것이다. 그들이 이 질문에 답하느냐에 따라 자기의 권위에 관하여 밝히겠다는 것이 예수의 지혜였다.

　대제사장들과 장로들은 예수의 질문이 함정을 가지고 있다는 것을 잘 알고 있었다. 그들은 요한이나 하나님 중 어느 하나를 쉽게 택할 수 없었다. 왜냐하면, 어느 것을 택하든지 곤경에 빠질 수밖에 없었기 때문이다. 만일 요한의 세례가 하나님에게서 왔다고 하면 이는 그들의 마음에도 없는 말이기도 하지만 왜 그를 믿지 않았느냐고 자신들의 불신앙을 힐책할 빌미를 주게 되고, 여태까지 믿어 왔던 대로 솔직하게 요한이 혼자 그렇게 했다고 하면 백성의 지탄을 사게 된다. 헤롯왕이 살해한 세례 요한을 모든 사람이 선지자로 인정하고 있었기 때문이다. 결국, 그들은 "모른다"고 대답한다. 이렇게 함으로써 예수의 답변을 듣는 것도 포기해야 했다. 예수도 그들의 질문에 대답하지 않으신다고 말씀하셨다. 그것은 표면적인 태도일 뿐이다. 예수는 비유를 통하여 유대지도자들이 던진 질문만이 아니라 자신이 제시하셨던 질문에도 명백한 답을 주셨다. 두 아들의 비유는 요한의 세례가 어디에서 왔는가에 대한 답변이고 이어 나오는 포도원의 비유는 누가 예수에게 하나님의 성전에서 가르치는 권한을 부여했는가에 대한 답변이다.

　세 비유가 연결되어 있기 때문에 간략한 개괄이 필요하다. 예수는 자신의 권위에 대하여 말씀하시기 전에 먼저 두 아들의 비유에서 세례 요한의 권위에 관해 말씀하셨다. 그다음에 자신의 권위 문제를 다루신다. 이렇게 하신 것은 요한과 예수의 권위 사이에 밀접한 관계가 있기 때문이다. 세례 요한은 자신을 그리스도의 사역을 준비하는 사람으로 소개하였다. 예수도 세례 요한의 사역이 자신의 사역과 연결되어 있음을 수차례 가르치셨다. 두 아들의 비유에서 우리는 명백하게 예수 및 천국과 관계된 세례 요한의 역할을 배우게 된다. 세례 요한의 권위나 예수의 권위는 모두 하나님에게서 나왔으므로 유대인들이 모두 받아들여야 할 권위였다. 그러나 당시 유대지도자들은 둘 다 거부해 버렸다. 이들의 실패는 세례 요한에 대한 태도에서 시작한다. 예수의 논지는 그들이 세례 요한을 바로 이해하지 못한다면 예수께서 무슨 권한으로 가르치시고 병자들을 고치시는지를 들어도 별 도움이 되지 않는다는 것이다.

예수께서 자신과 세례 요한의 권위 문제를 함께 다루시기는 하지만 비유에서 중점적으로 문제로 삼으신 것은 세례 요한과 자신을 대하는 이 지도자들의 적의 가득한 태도였다. 그들은 세례 요한을 대하는 데서부터 실패했기 때문에 예수에게도 비호의적이었다. 예수를 믿고 따르는 사람들이 이때쯤 확고한 기반 위에서 예수를 믿고 의지하고 따랐던 것과는 대조적으로 이들 지도자는 예수에게 불신과 적대감과 노골적인 적대행위를 드러냈었다. 이러한 분위기는 점점 고조되어 잠시 후 골고다 언덕에 십자가가 세워지는 데까지 발전한다. 이 세 비유는 예수의 생애가 그 절정으로 접어드는 분기점에서 예수께서 자신의 적대자들에게 말씀하신 것이다. 예수는 제자들과 적대자들이 자신에게 상반된 태도를 보이게 된 원인이 세례 요한의 활동에 대한 견해에서부터 시작되었다는 것을 이 비유들에서 가르치셨다.

이 일련의 비유들의 새로운 점이 있다면, 그것은 유대 지도자들 또는 예수를 따르는 사람들이 집단체적 성격을 가지고 무대에 등장한다는 사실이다. 제자들은 만이 아니라 지도자들도 집단으로 다루어진다. 이런 의미에서 이 비유들은 천국 비유의 실제적 결론이라고 부를 수 있다. 예수에게서 시작된 천국은 한 사람 한 사람을 부를 뿐만 아니라 한 집단을 만든다. 천국은 겨자씨와 같이 점점 자란다. 효모와 같이 밀가루 전체를 바꾸어 발효시킨다. 그것이 제자들의 집단, 즉 교회요 교회가 세상에 하는 일이다. 예수를 통한 하나님의 통치가 한 집단을 다룬다는 것은, 이 세상에 출범한 천국이 제한된 모습으로나마 이미 완성되기 시작했음을 뜻한다. 이 비유들을 통하여 지금까지 불분명하게 다루어지던 '하늘나라의 백성'이 확실한 형태로 제시된다는 면에서, 이렇게 천국 개념은 이제 왕과 백성, 그리고 이 둘을 하나로 묶는 주권이나 통치의 세 요소로 완벽하게 이해될 수 있다는 면에서 우리는 이 비유들을 천국비유의 결론이라고 부르는 것이다.

예수의 정체가 그의 생애를 따라 서서히 그의 백성에게 드러났다. 그의 백성도 그의 삶이 진행됨에 따라 점점 뚜렷한 윤곽을 얻는다. 천국은 씨앗처럼 예수의 생애 동안 이 세상에 뿌려졌을 뿐만 아니라 이미 싹이 나고 나무의 모습을 갖추기 시작했다. 예수의 십자가와 부활이 있기 전에 이러한 일이 현실로 나타났다는 것은 교회를 이해하는 데 중요한 역할을 한다. 그것은 우리 그리스도인들의 실제적 뿌리인데 그것이 예수와 그의 제자들에게서 발견되기 때문이다. 복음서에 전해지는 예수의 활동과 그를 따른 제자들의 모습이 교회의 시작이다. 그것은 천국이라고도 불린다. 두 아들의 비유로 시작하는 세 개의 비유는 이런 면을 밝혀주는 천국의 비유들이다.

예수의 비유는 포도원을 배경으로 시작한다. 어떤 포도원 주인에게 두 아들이 있었다. 아버지는 아들들에게 포도원에 가서 일하라고 부탁한다. 먼저 맏아들에게 갔다. 맏아들은 솔직하게 가서 일하기 싫다고 대답한다. 그러나 나중에 뉘우치고 포도원에 가서 열심히 일을 한다. 아버지는 막내아들에게도 똑같이 말했다. 막내는 가겠다고 대답했지만, 대답만 하고 가서 일하지 않았다. 맏이와 막내의 역할이 뒤바뀐 사본도 있지만, 얘기가 달라지지는 않는다. 다만, 가겠다고 하고 가지 않은 아들이 맏아들이냐 막내아들이냐가 다를 뿐이다. 물론 이에 따라 맏이와 막내가 각각 상징하는 대상이 뒤바뀐다.

이 비유의 핵심은 맏아들은 아버지의 뜻을 알고 그대로 순종했는데 막내아들은 아버지의 뜻을 알면서도 순종하지 않았다는 데 있다. 처음에는 맏아들이 더 아버지의 마음을 아프게 했고 막내아들은 아버지의 귀를 즐겁게 만들었다. 하지만, 잠시 후에는 아버지의 귀를 즐겁게 했던 막내아들은 아버지에게 슬픔을, 아버지의 마음을 아프게 했던 맏아들은 아버지에게 기쁨을 주었다.

예수의 비유는 일상생활에서 쉽게 일어날 수 있는 평범한 이야기였다. 따라서 누가 아버지의 뜻대로 했는가? 하고 묻는다면 누구라도 맏아들이라고 대답할 수 있는 얘기이다. 예수의 질문을 받은 대제사장들과 장로들도 주저하지 않고 그렇게 대답했다. 물론 이 대답은 예수께서 의도하신 것이었다. 아니, 다른 대답이 있을 수는 없다. 예수를 비난하고 책잡으려고 왔던 그들이 스스로 예수께서 예상하신 답을 말하고 말았다. 비유는 예수께서 의도하신 방향으로만 진행되었다.

비유와 교훈의 접촉점, 즉 비유관점이나 비교점을 찾는 것은 오랫동안 통용되고 있는 비유의 해석방법이다. "…과 같다"는 표현이 사용되는 직유에서는 비유의 접촉점이 비교적 쉽게 눈에 들어오지만, 이 표현이 들어 있지 않은 은유에서는 이 접촉점을 찾기 어렵다. 그래서 하나의 비교점을 찾는 원리는 때로는 독자나 청중을 엉뚱한 방향으로 오도할 수 있다. 비유의 접촉점은 비유에 등장하는 여러 요소를 통해서 만들어지는데 하나를 제외한 요소 대부분이나 그 독특한 역할이 무시되곤 하기 때문이다. 반대로 모든 요소들을 의미심장한 것으로 하나하나 대입해 나가는 것은 비유를 풍자 즉 알레고리로 오해하게 한다. 비유의 모든 요소들이 다 의미심장한 것은 아니지만, 이 요소들이 접촉점을 부각시킨다는 사실을 잊어서는 안 된다.

비유에는 고정 비유어가 사용될 때가 있다. 고정 비유어란 어느 비유에서나 같은 것을 지시하는 요소를 말한다. 포도원이나 포도원 주인을 이러한 고정 비유어의 하나라고 할 수 있다. 물론 이 비유어들이 비유에 따라서는 다른 것을 의미하거나 별 의미 없이 비유의 배경으로만 언급될 수도 있지만, 앞에서 다룬 포도원 주인의 비유나 두 아들의 비유, 그리고 잠시 후에 다룰 포도원의 비유에서는 고정 비유어로 파악하는 것이 더 나아 보인다. 이렇게 본다면 포도원은 하나님의 명령과 은총이 미치는 범위 또는 한 집단을, 포도원 주인은 하나님을 지시한다. 고정 비유어가 사용되면 겉으로 표현되는 평범한 얘기 속에 담겨 있는 의미를 파악하는 것이 그렇게 어렵지 않다. 예수의 비유는 하나님의 뜻에 직면한 하나님 백성의 모습과 운명에 대한 비유이다.

대제사장들과 백성의 장로들도 이 점을 몰랐을 것 같지는 않다. 그러면서도 그들이 예수께서 만드신 논리의 함정에 빠져든 것은 예수께서 두 아들을 과연 누구에 대한 비유로 말씀하시는지를 정확하게 파악할 수 없었기 때문이다. 비유는 평범한 얘기이지만 이 비유에서 어떤 것이 무엇을 상징하는지는 전적으로 말하는 사람에게 달렸다. 따라서 비유를 말하는 사람이 비유를 사용하는 자신의 의도를 설명하기까지는 정확하게 밝혀지지 않는다. 유대지도자들은 예수의 비유를 들으면서 맏아들이 아버지의 뜻을 행했다고 대답을 하기는 했지만, 막상 그것이 누구를 지시하는지 몰랐던 것이다.

예수께서 결론을 겸하여 이 비유를 설명하신 31~32절에 의하면 두 아들은 특정 개인을 지시하지 않는다. 맏아들을 삶의 출발점에서는 하나님께 '아니'라고 했지만 결국 하나님께로 돌아와 그의 뜻을 찾는 사람들로, 막내아들을 처음에는 하나님의 뜻에 '예'라고 했지만 실제로는 그대로 하지 않은 사람들의 비유어로 해석하는 것은 옳지 않다. 예수는 자기 주위에 둘러선 '너희', 즉 대제사장들과 장로들과 '세리와 창기들'을 맏아들과 막내아들에 비유하셨다. 두 아들의 비유에서 우리가 찾아야 할 비유의 접촉점은 두 아들과 예수를 둘러선 두 종류의 사람들 사이에 있는 것이다. 즉 예수는 당시의 실재 인물들을 그들이 새 시대의 새 조류에 어떻게 반응했는가에 따라 두 종류로 구분하셨고, 이들의 특징과 미래를 맏아들과 막내아들의 모습에 비유하셨다.

포도원은 하나님이 활동하시는 무대를 상징한다. 예수는 복음의 출발점인 이스라엘의 특권, 선민이란 테두리 안에서 맏아들과 막내아들을 비교하신 것이다. 즉 이 비유는 복음을 누구보다 먼저 들을 기회를 얻었던 하나님의 백성 안에서 누가 하나님의 뜻을 행했으며 누가 행치 않았는가를 구분하는 비유다. 혈통을 따라서 이스라엘과 이방인을 나누거나 율법 준수를 따라서 경건한 사람들과 죄인들을 나누는 것이 아니라 전혀 새로운 기준에 의해서 사람들을 나누는 것이다. 예수에게 적대감을 느끼고 분노하며 그를 죽이려고 하는 대제사장들과 백성의 장로들은 하나님의 선민으로 태어나서 누구보다 하나님을 잘 섬길 수 있는 위치에 오른 사람들이었다. 그들은 누구보다 먼저 하늘나라의 소식을 세례요한에게 들었지만, 처음부터 등을 돌리고 말았다. 비유 속의 막내아들이다. 이들에게 죄인으로 낙인찍혀 외면당하고 사회의 그늘진 곳에서 하나님의 저주와 심판만을 기다리며 살던 세리와 창기들은 세례요한의 외침에 회개하고 어두운 현실을 훌훌 털어 버렸다. 요한의 죄 용서에 이르는 회개의 세례를 받아 오는 천국의 백성이 된 것이다. 비유 속의 맏아들이다. 막내아들로 분장한 대제사장들과 장로들은 이런 광경을 목격하고서도 문 앞에 다가온 천국을 수용할 기색마저 보이지 않고 자신들의 기득권과 전통적 사고를 지키려고 애썼다.

(몇몇 신약 사본에는 맏아들이 '예' 하고는 일하러 가지 않았고 막내아들이 '아니오' 하고는 뉘우치고 일하러 갔다고 되어 있다. 이렇게 역할이 뒤바뀐 것은 긍정으로 시작하여 부정으로 끝나는 유대지도자들에 대한 비유어로는 맏아들이 적당하고, 부정으로 시작하여 긍정으로 끝나는 세리와 창기에 대한 비유어로는 막내아들이 적당하다고 보았기 때문이다.)

세례 요한의 출현과 임무는 하나님에게서 나온 것이다. 예수의 표현을 따르면, 요한은 의의 길로 왔다. 그는 의에 이르는 길, 즉 하나님의 구원을 알려준 사람이다. 그의 일은 준비 작업이기는 했지만, 구원의 길을 실현하는 것이었다. 예수는 다른 곳에서 세례 요한을 메시아를 인도하는 엘리야의 역할로 평가하기도 하셨다. 그러나 당시의 유대지도자들은 요한을 하나님께서 보내신 선지자로 믿지 않았을 뿐만 아니라 말로 인정하는 것조차 두려워했다. 예수는 비유로 이들의 불신을 여지없이 폭로하신 것이다. 그들은 세례 요한을 알면서도 믿지 않았다. 불신이 문제였다. 요한을 믿지 않았다는 것은 결국 요한을 보내신 하나님을 믿지 않았다는 말이다. 예수는 막내아들의 거부를 돌이킬 수 없는 실패로 단정하셨다. 그래서 이들에게서 천국의 우선권을 빼앗아 세리와 창기들의 손에 넘기셨다. 죄인으로 공인되어 멸시를 받던 이 사람들은 세례 요한의 요구에 응하여 죄를 회개하고 세례를 받음으로써 요한을 보내신 하나님의 뜻을 이행했기 때문이다.

세리와 창기들이 너희에 앞서 하나님의 나라에 들어가고 있다는 표현은 언젠가는 그들도 천국에 들어가게 된다는 것을 암시하는 말씀일까? 천국은 누구에게도 자동으로 주어지지 않는다. 대제사장들과 장로들처럼 미온적이거나 예수에 대한 부정적, 적대적 태도로 결코 천국을 소유하지 못한다. 천국에는 회개와 죄 용서와 하나님을 향한 믿음이 있어야 한다. 예수는 그들이 뉘우쳐 세리와 창기들처럼 회개하고 세례를 받으며 세례 요한의 때부터 역사 속으로 들어온 천국을 믿음으로 받아들이기까지는 누구라도 이 천국에 들어가지 못한다고 말씀하신 셈이다. 반면에 세리와 창기들은 세례 요한의 요구를 받아들여 세례를 받고 그가 오실 분으로 소개한 예수를 믿음으로써 천국을 소유하게 되었음을 선언하신 것이다.

대제사장들과 장로들이 세리와 창기들과 대조를 이룬다고 해서 예수는 사회구조나 사회계층에 따라 형님과 동생을 구분하고 이들에게 천국의 우선권을 빼앗거나 부여하신다고 생각할 필요는 없다. 오히려 정반대로 이전의 혈통이나 사회적 구분, 또는 율법의 준수 여부에 따라 경건한 사람들과 죄인들을 구분하던 기준이 철폐되었음을 뜻한다. 이제 사람들을 둘로 나누는 기준은 구조나 계급이 아니라 직접 이 세상에서 활동하기 시작하신 하나님의 뜻에 대한 사람들의 반응뿐이다. 예수의 논리를 따르면 세례 요한이 와서 회개를 외치고 세례를 베푼 것은 하나님의 뜻이었다. 따라서 비록 유대인으로 태어나 어려서부터 하나님의 율법 아래 살았고 경건을 훈련하고 빠짐없이 온갖 제사를 드렸다 하더라도 진심으로 회개와 믿음으로 세례 요한의 세례를 받아들여 새 시대를 걸어가야 한다. 진심으로 하나님을 섬기는 사람이라면 하나님이 보내신 사람, 세례 요한의 요구에 응했어야 한다는 것이 예수의 논리였다. 보냄을 받은 자에게 보이는 성실한 응답과 진실한 믿음은 곧 그를 보내신 하나님에 대한 응답과 믿음이다.

 유대지도자들은 그들의 사회적 지위와 명성, 그리고 체면 때문에 세례 요한을 거부했는지도 모른다. 반면에 죄인으로 낙인찍혀 동족의 멸시와 천대를 뼈저리게 느꼈던 세리와 창기들은 그들이 처한 극악한 종교적, 사회적 상황 때문에 세례 요한의 활동에 민감하게 반응을 보이고 마지막 희망을 그에게 걸었는지도 모른다. 그러나 천국과 관련된 것은 그들의 사회적 위치나 역할이 아니라 세례 요한에게 보인 태도였다. 세례 요한을 통해 나타나는 하나님의 뜻을 따른 사람들은 우연히도 주로 사회에서 따돌림을 받던 사람들이었는데 반해 하나님의 뜻을 거부한 사람들은 유대사회를 이끌어 가는 지도자들이었다.

　예수는 종교적, 사회적으로 최고 수준에 있던 대제사장들과 장로들을 최저 수준에 있던 세리와 창기들과 대조하심으로써 천국이 가져오는 파격적 은혜를 극대화하셨다. 천국은 옛시대의 극단적 차이도 무시하며 지금 활동하고 계시는 하나님의 뜻에 대한 반응만을 궁극적으로 평가한다. 세리와 창기들의 황폐하고 공허한 마음에 천국의 보화가 깊숙이 심어진 것이다. 그러나 화려한 종교 지도자들은 하나님의 사람을 알아보는 눈이 없었다. 더구나 그들의 여유로운 마음은 꽉 닫혀 있어서 예수의 질타로도 열리지 않았다. 천국을 외면한 것이다. 그렇게 유대인 전체가 천국을 버렸다.

　천국은 누구나 회개와 믿음과 새로운 삶으로 소유하는 것임을 예수는 이 두 아들의 비유에서 극단적으로 표현하셨다. 다른 길은 없다. 요한이 몰고 온 의의 길뿐이다. 하나님의 뜻을 듣고 알고 때로는 기뻐하는 것이 헛일이 될 수 있다. 이런 것은 필요하기는 하지만 목표에 도달하지는 못한다. 행동으로 옮기는 것만이 사태를 바꾸는 힘이 있다. 세례 요한에 대한 태도도 마찬가지였다. 하나님은 세례 요한을 통하여 사람들의 결단성 있는 행동, 삶을 요구하셨다. '회개하라. 회개에 합당한 열매를 맺으라. 가까이 온 천국을 맞이하라.'는 외침에 죄인들이 결단을 내리고 실천하였다.

그에게 세례를 받음으로써 회개하고 믿음으로 요한의 요구를 수용하였음을 보인 것이다. 그렇게 하나님의 뜻에 순종한 것이다. 아버지의 마음을 아프게 한 과거를 뉘우치며 터벅터벅 풀이 죽어 포도원으로 들어간 큰아들의 축 쳐진 어깨에 아버지의 자상한 격려의 손길이 내려질 줄 누가 알았겠는가! 그가 흘리는 땀방울에 천국이 맺히고 있었다. 조롱받던 사람들이 요단강 물에 들어가며 잘 떨어지지 않는 입술을 겨우 달싹거리며 자신들의 죄를 고백할 때 하나님을 보게 되리라고 누가 생각이나 했겠는가? 세상에 대한 미련을 목을 타고 흘러내리는 탁한 요단강 물에 섞어 보낼 때 그들에게는 아침이 오고 있었다. 예수께서 그들에게 천국을 주시마고 약속하신다.

포도원

다른 비유를 들어라. 한 사람, 곧 집주인이 있었다. 그는 포도나무를 심고 그 둘레에 울타리를 치고 그 안에 즙 짜는 구덩이를 파고 원두막을 세우고 그것을 농부들에게 세주고 외국으로 떠났다. 열매 철이 가까워지자 그는 자기 열매를 받으러 자기 종들을 농부들에게 보냈다. 농부들은 그의 종들을 붙잡아서 하나는 때렸고 하나는 죽였고 하나는 돌로 쳤다. 그는 다시 다른 종들을 처음보다 더 많이 보냈지만, 농부들은 그들에게 그와 같이 하였다. 마침내 그는 자기 아들을 그들에게 보내며 말하였다. 그들이 내 아들은 존경할 것이다. 그러나 그 농부들은 아들을 보고 자기들끼리 말하였다. 이 사람은 상속인이다. 오라! 그를 죽이고 그의 상속물을 우리가 차지하자. 그들은 그를 잡아서 포도원 밖에 내던지고 죽여 버렸다. 그러면 포도원 주인이 왔을 때, 저 농부들을 어떻게 하겠느냐? 그들이 예수께 말하였다. 악한 그들을 잔인하게 죽이고 자기에게 제때 열매들을 내어놓을 다른 농부들에게 포도원을 세 줄 것입니다. 예수께서 그들에게 말씀하셨다. 너희는 성경에서 이런 말씀을 한 번도 읽어 본 적이 없느냐? 집 짓는 사람들이 버린 돌, 이것이 모퉁이의 머릿돌이 되었다. 주님으로 말미암아 이렇게 되었으니 우리 눈에는 놀랍다. 그러므로 내가 너희에게 말하는데, 하나님의 나라가 너희로부터 옮겨져서 그 나라의 열매들을 맺는 백성에게 주어질 것이다. 〈마 21:33~43〉

이 포도원의 비유는 예수께서 앞에 나온 두 아들의 비유에서 충분히 설명하지 않으신 것을 보충하시려고 말씀하신 비유다.

예수께서 사역 후반기에 사용하신 비유에는 포도원, 잔치 등 유대 지역의 삶과 환경을 반영하는 소재들이 나온다. 초기 비유에 씨, 밭, 고기 등 갈릴리 지역의 삶과 환경을 반영하는 소재가 사용된 것과 대조를 이룬다. 따라서 또 포도원 이야기가 나오는 것은 자연스러운 현상이다. 당시 이스라엘 전역은 별로 비옥하지가 않았다. 갈릴리를 제외하면 농사에 적합한 땅은 많지 않았다. 특히 유대 지역은 황야가 대부분이었는데 비옥한 땅이라도 곡식 농사보다는 포도나무나 감람나무를 가꾸는 데 적합했다. 예수는 청중의 눈에 얼른 들어오거나 청중이 익숙한 것을 비유의 소재로 사용하신 것이다.

어떤 집주인이 땅을 샀다. 과수원을 만들 요량으로 돌을 가려내고 땅을 골라 포도나무를 심었다. 포도원 둘레에 울타리를 치고 원두막을 만들었다. 포도즙을 짤 수 있는 구덩이도 팠다. 그러나 열심히 포도원을 돌보던 주인은 어쩔 수 없이 고향을 떠날 일이 생겼다. 포도원에 쏟은 노력과 정성을 포기할 수 없어 그는 포도원을 소작인들에게 맡기고 외국으로 나갔다. 왜 외국으로 가야 했는지는 이야기의 원줄기가 아니다. 피치 못할 사정으로 국외로 도망했거나 볼모로 잡혀갔을 수도 모른다. 이렇게 한 번 고국을 떠나게 되면 평생 돌아오지 못하는 일도 있었다. 어쨌든 주인은 쉽게 귀국할 수 없는 형편에 처해 있었다. 그래서 포도가 익어갈 무렵 주인은 세를 받으려 농부들에게 종을 보냈다. 그러나 농부들은 주인의 것을 돌려주기는커녕 종들을 잡아서 때리고 죽여 버렸다. 이야기가 비정상적 사건을 다루고 있지만 있을 수 있는 일이다. 농부들은 포도원 주인이 영원히 돌아오지 못하기 때문에 종들만 처치하면 삯을 주지 않아도 된다고 생각한 모양이다. 아무것도 받지 못한 주인은 다시 한 번 종들을 보냈다. 이번에는 처음보다 더 많은 종이 갔지만, 결과는 마찬가지였다. 농부들은 처음처럼 종들을 잡아서 때리고 죽여 버렸다. 어떻게 할지 망설이던 주인은 어떻게 해서라도 삯을 받아 내려고 자신의 아들을 보냈다. 농부들이 자기 아들은 존경할 것이라고 기대한 것이다. 그러나 농부들의 마음은 전혀 딴 곳에 가 있었다. 그들의 목적은 포도원을 아예 송두리째 먹어 치우는 것이었다. 아들이 오자 농부들은 광분했다. 그를 죽이면 포도원을 상속할 사람이 없으므로 포도원은 절로 그들의 소유가 되리라 판단하고 아들을 잡아 포도원 밖으로 끌고나가 죽여 버렸다. 예수의 비유는 일단 여기서 끝났다.

이야기가 어떻게 될지 여운이 남는다. 포도원이 농부들의 소유가 될 수 있을까? 하지만, 주인이 돌아온다면 어떻게 되겠는가? 예수는 두 아들의 비유에서처럼 대제사장들과 장로들 스스로 답을 찾게 하셨다. 그들이 내리는 결론으로부터 비교점을 끌어내시려는 의도였다. 그러자 그들은 입을 모아 이렇게 대답했다. 그 악한 농부들을 틀림없이 엄벌하겠지요. 그리고 열매를 바칠 수 있는 다른 농부들을 고용하겠지요. 대제사장들과 장로들은 비유의 핵심을 제대로 파악하지도 못한 채 예수께서 의도하시는 방향대로 비유를 마무리 지었다.

포도원 주인은 이 비유에서도 하나님을 지시하는 고정 비유어로 사용되었다. 포도원도 하나님의 통치가 직접 나타나는 세력권, 즉 아직 구약적 의미의 영역인 이스라엘을 의미한다. 이런 면에서 관찰하면 이 포도원의 비유는 바로 앞에 나온 두 아들의 비유와 크게 다를 것이 없어 보인다. 그러나 이 포도원의 비유는 "세리들과 창기들이 너희에 앞서 하나님의 나라에 들어간다"마21:31는 두 아들 비유의 결론을 이어받아 다음과 같이 발전시키고 있다. 첫째, 두 아들의 비유가 예수 당시의 이스라엘 사람들을 다룬 데 비해 이 포도원의 비유는 이스라엘의 역사 전체를 다루고 있다. 둘째, 두 아들의 비유가 당시 유대인들을 두 종류로 구분하는 데 비해 포도원의 비유는 역사상 이스라엘 민족 전체를 하나로 묶어 취급한다. 이들은 부정적 역할을 하고 이스라엘 역사에 등장하는 거룩한 선조나 의인들은 별도로 언급되지 않는다. 이 비유는 이스라엘 대다수가 하나님의 뜻을 어겼다는 부정적 측면만을 부각시키는 것이다. 셋째, 두 아들의 비유는 세례요한에 대한 태도를, 포도원의 비유는 주인의 아들에 대한 태도를 결정적인 것으로 보고 있다. 이스라엘의 불순종 역사가 당시 지도자들을 위시한 모든 이스라엘 사람들의 불순종으로 집약되며 그 상처가 치유할 수 없는 상태임을 알려준다. 그러나 예수의 생애가 아직 끝나지 않았기 때문에 이러한 내용은 예언의 형태를 띤다. 예수의 예언은 하나님의 새로운 백성의 출현도 포함하고 있다.

'포도원'에서부터 살펴보자. 예수의 비유에 사용된 '포도원'은 엄밀하게 따져서 이스라엘이나 교회와 같은 시공간적인 개념이 아니라 이 둘을 한데 묶어 놓을 수 있는 천국이나 하나님의 나라를 의미한다. 예수는 대제사장들과 장로들이 스스로 내린 결론, "악한 그들을 잔인하게 죽이고 자기에게 제때 열매들을 내어놓을 다른 농부들에게 포도원을 세 줄 것입니다"를 "하나님의 나라가 너희로부터 옮겨져서 그 나라의 열매들을 맺는 백성에게 주어질 것이다"로 해석하셨다. 예수는 악한 농부를 '너희'로 불리는 대제사장들과 장로들로 대표되는 이스라엘 민족으로, 다른 농부를 '그 나라의 열매 맺는 백성'의 비유어로 사용하신 것이다. 악한 농부들이 빼앗기고 다른 농부들이 받게 될 포도원은 하나님의 나라, 즉 하늘나라다.

예수는 자신의 목적이 일차적으로 이스라엘을 구원하는 것이라고 여러 번 천명하셨다.마15:24;10:5~6 뿐만 아니라 예수는 자기 자신의 활동범위를 가능하면 이스라엘로 제한하셨다. 복음이 이 한계를 실제로 넘어 나가는 것은 자기 제자들에게 맡기신 것이다. 자신의 사역을 암탉이 병아리를 모으는 것 같이 이스라엘을 품으려고 한 것이었다고 회상하신 적도 있다. 예수께서 이스라엘을 특별한 눈으로 보신 것은 구약성경과 맥을 같이한다. 예수는 이스라엘이 하나님의 특별한 은총을 아는 백성이요, 이스라엘의 역사는 하나님의 섭리가 특별하게 나타난 역사임을 인정하셨다. 예수를 따르면 이스라엘은 천국을 소유한 백성이었다. 하나님은 최우선적으로 이스라엘 민족에게 자신을 나타내시고 그들을 자신의 백성으로 삼아 다스리신 이스라엘의 하나님이셨다. 그들의 위치가 독특했던 만큼 하나님을 거역한 역사도 특별히 혹독하게 다루어진다. 이스라엘은 주인이 원한 포도를 맺는데 신경을 쓰기보다는 포도원을 소유하는 데만 혈안이 되어 있었다. 하나님이 원하시는 열매를 돌려 드릴 수 없었던 민족의 역사가 이스라엘의 역사다. 이렇게 보면, 주인이 포도원 삯을 받으려고 보냈다는 종들은 구약시대에 이스라엘 백성을 향해 '주님에게로 돌아오라'고 외쳤던 하나님의 종들, 즉 선지자들을 가리키는 것이다. 이스라엘은 그런 선지자들을 죽이고 돌로 치고 온갖 수모를 주었던 백성이었다. 이스라엘의 성스러운 역사는 다른 한 편으로는 이렇게 어느 민족보다 더 극악했던 역사를 담고 있다. 이 포도원의 비유에서 예수는 자신을 대대로 고난받은 선지자 계열에, 유대지도자들로 대표되는 이스라엘을 하나님의 뜻을 거역한 원수 계열에 세우셨다.

마지막으로 보냈다는 아들은 예수의 자화상이다. "당신이 무슨 권한으로 이런 일들을 하고 있소? 누가 당신에게 이런 권한을 주었소?" 하고 묻던 대제사장들과 장로들에게 예수는 이 포도원의 비유를 가지고 자신의 권위와 출처를 설명하신다. 예수는 포도원 주인의 아들이다. 그는 자신의 포도원, 자신의 나라를 찾아오신 하나님의 아들이시다. 구약시대부터 있었던 하나님의 은혜와 사랑의 나라 그것이 신약시대에는 천국이라 불린다. 예수께서 오심으로 구약시대와는 전혀 다른 양상으로 이 땅에 시작되는 것이다. 천국의 왕으로 오신 예수는 한 편으로는 자신을 충실히 믿고 따르는 제자들을 만나기도 하셨지만, 다른 한 편으로는 동족의 차가운 눈총과 질시 가득한 비난, 악의에 찬 항의, 반대 등을 피부로 느끼셨다. 잠시 후에는 그들이 결국 자신을 죽이리라는 사실도 알고 계셨다. "그 아들을 잡아서 포도원 밖에 내던지고 죽여 버렸다"고 비유하실 때 예수는 자신이 성 밖 골고다로 끌려가서 죽을 것을 이미 알고 계셨다. 이 비유는 이스라엘이 그들에게 주어진 최후의 큰 희망을 자신들의 손으로 뿌리째 뽑아버릴 것을 예수께서 예언하신 것이다. 농부들이 포도원 주인의 호소를 묵살하고 아들을 죽임으로써 이스라엘의 특권에는 종지부가 찍혔다. 예수는 이스라엘의 죄악 전체를 하나로 묶으시며 자신에 대한 거역을 그 절정으로 이해하셨다. 포도원 비유를 말씀하시는 예수의 의도도 모른 채 의분에 차서 "악한 그들을 잔인하게 죽이고 자기에게 제때 열매들을 내어놓을 다른 농부들에게 포도원을 세 줄 것입니다"라고 대답한 대제사장들과 장로들! 그것은 바로 그들의 운명이었다. 이스라엘의 말로였다. 이제 그들은 하나님 백성의 위치를 잃게 된다. 그리고 다른 백성이 등장하여 천국의 새로운 역사를 쓸 것이다. 예수는 다짜고짜 시편의 한 구절을 인용하신다. "집 짓는 사람들이 버린 돌, 이것이 모퉁이의 머릿돌이 되었다." 이스라엘의 실패와 자격박탈, 그리고 새로운 백성의 등장 사이에는 예수가 있다. 예수의 활동과 삶이 구약시대와 신약시대, 옛 백성과 새 백성을 나누는 역사적 선이다. 그는 이스라엘이 죽일 하나님의 아들이지만 새롭게 시작하는 천국의 왕이시다. 집을 짓는 사람들이 쓸모 없다고 버리지만, 새집을 짓는 모퉁잇돌이다. 예수의 비유는 예언적 효과만이 아니라 "나도 너희에게서 천국을 앗아갈 것이다"는 선언적 효과도 가지고 있다. 예수는 자신이 누구인지, 자신이 서 있는 역사적 위치가 어디고 사명이 무엇인지 알고 계셨다. 하나님께서 이전에 이스라엘에 허용하셨던 은혜와 특권과 그들의 역할을 영원히 철회하신다고 선언하는 것이 바로 이 포도원의 비유다. 역사 속에서 하나님을 알리는 독특한 사명을 부여받았던 한 민족은 그 역할을 끝내고 역사의 뒤안길로 사라져 간다. 이스라엘은 이제 존재해도 평범한 한 민족이나 한 국가로만 명맥을 유지할 뿐 예전과 같은 특별한 의미는 갖지 못한다. 이 포도원의 비유는 하나님의 구속사가 그 분기점에 도달했다는 것을 알려준다.

 하나님의 사랑의 대상이 예수의 생애를 통하여 이스라엘에서 새로운 백성으로 바뀌고 있다. 처음부터 구상해 오셨던 천국의 백성은 유대민족이란 기본적인 틀을 깨고 새롭게 만들어진다. 예수가 선언하신 '그 나라의 열매 맺는 백성'이란 예수를 따르는 제자들과 이 제자들을 통하여 계속 등장할 믿는 사람들을 가리킨다. 두 아들의 비유에서는 세례 요한과 관련해서만 말씀하셨기 때문에 희미하게 암시하는 정도로 그쳤던 사람들, 즉 가련한 세리와 창기들, 그러나 하나님의 뜻을 따라 회개하고 세례를 받고 마음의 눈이 열려 예수에게 온 사람들, 예수는 이들이 천국의 백성이라고 장담하신다. 씨 뿌리던 예수의 손길에서 한 그루씩 자라나기 시작하던 천국 나무들에 이제 백성이란 칭호를 부여하신다. 콧대 높은 유대인 중에서 몇몇 사람이 예수를 주님이라고 부르는 일이 굉장한 고백이었던 것처럼 예수께서 이 사람들을 인정하시며 나의 백성이라고 고백하시는 것은 획기적인 사건이었다. 왕과 백성이 서로 믿고 인정하는 조인식이라고 불러도 좋지 않을까? 포도원의 비유는 그를 따르는 사람들을 자신의 백성으로 인정하신 인정서의 역할을 한다.

하나님은 이스라엘을 하나님의 포도원에 초대하셨다. 열심히 일하고 풍성한 열매를 거두라고 그렇게 하신 것이다. 이스라엘을 자신의 백성으로 부르시고 그들을 축복하시며 그 증표로 율법을 주셨다는 뜻이다. 하나님이 이스라엘을 특별한 위치에 세우신 것은 특별한 목적이 있었기 때문이다. 율법을 주신 목적은 율법대로 사는 데 있었다. 그들은 하나님의 약속인 율법대로 삶으로써 그들이 하나님의 은혜를 힘입었고 그래서 하나님을 사랑하며 위대하신 하나님의 이름을 가슴 속 깊이 새기고 살아간다는 사실을 나타내야만 했다. 그들의 삶을 통하여 하나님의 사랑과 은혜를 나타내고 하나님을 아는 지식을 모든 다른 민족에게 알리는 것이 그들의 사명이고 역할이었다. 물론 이스라엘에는 경건한 사람들이 있었다. 의롭게 살다간 사람도 많았다. 그러나 절대다수의 사람들은 눈에 보이는 것을 더 좋아했다. 그래서 구약성경은 순종하는 이스라엘보다는 거역하는 이스라엘을 보여주는 책이 되고 말았다. 하나님의 입김이 곳곳에 미치는 역사는 간간이 몇몇 지도자들을 통해 나타날 뿐, 이스라엘은 하나님의 말씀을 지키기보다는 멋대로 살아가는 것을 더 좋아했다. 하나님을 의지하기보다는 하나님의 보호 아래 인간의 모습을 확대하고 싶어했다. 그래서 이스라엘의 역사는 승리의 역사라기보다는 실패와 좌절의 역사였다. 선지자들을 통해 회개하고 아버지에게로 돌아오라고 외쳤지만, 열매를 바치기보다는 오히려 선지자들을 죽이고 버린 역사다.

하나님은 결국 아들을 보내셔야만 했다. 다른 해결책이 없었다. 그러나 사람들이 기다린 것은 아들이 아니었다. 그들은 모든 압제자들에게서 자신들을 건져내고 행복한 이스라엘을 건설해줄 그런 영웅을 기다렸다. 하지만, 하나님의 계획과 방법은 인간이 기대하는 것과 사뭇 달랐다. 예언이 있었지만, 예언을 성취하면서도 예언의 범주를 훌쩍 뛰어넘는 방법으로 주인의 아들은 세상에 오셨다. 그래서 하나님의 백성은 그들과 그들의 조상이 그토록 기다렸던 메시아를 놓치고 말았다. 열매를 맺기는커녕 오히려 아들을 유린했다. 이스라엘이 맺은 최악의 열매는 그 아들을 몰라보고 잠시 후에 죽이는 것이다. 이런 일들을 생각하며 예수는 예루살렘을 향해 눈물을 흘리셨다. 거룩한 아버지의 도성의 종말에 가슴이 쓰렸던 것이다. 핏덩이로 태어나 처음 들리신 곳, 청소년 그리고 청년이 되어 찾아온 아버지의 집. 그곳에서 예수는 아무것도 얻지 못하셨다. 나귀를 타고 애써 찾아온 육체의 고향, 조국, 동포, 아니 하나님이 선택해 놓으신 그의 형제들이었지만 아들에게는 결국 아무것도 아니었다. 잠시 후 그는 빈손으로 내동댕이쳐질 것이다. 피를 뿌리며 걸을 골목들. 혼미해져 가는 의식 속에서 마지막으로 쳐다볼 예루살렘의 하늘을 생각하면서, 아들의 비애는 분노로 변했다. 그래서 그는 이스라엘의 열매 없음에 진노를 선언하신 것이다.

이에 비해 예수에게서 시작될 새로운 천국 백성은 '그 나라의 열매를 맺는 백성'이라고 부르셨다. 농부들이 거부한 열매, 즉 하나님의 뜻을 따르는 백성이 이들의 특징이다. 열매를 받으러 갔으나 열매 대신 십자가를 지고 쫓겨날 '포도원 주인의 아들', 그에게서 열매를 맺는 새로운 백성이 시작된다. 집 짓는 사람들이 쓸모없다고 버린 바위, 그것이 모퉁잇돌이 되어 새집이 지어진다. 새집, 새 백성, 새로운 농부의 특징은 '열매를 맺는다'는 데 있다. 열매가 무엇을 뜻하느냐는 우선 접어두더라도 악한 농부들을 부르신 것이나 다른 농부를 고용하는 목적이 크게 다르지 않다는 것을 알 수 있다. 하나님은 대제사장들과 장로들, 그리고 이스라엘 전체에게서 받고자 하셨던 그 열매를 새로운 백성에게서도 받으려 하신다. 하나님의 목적은 구약시대나 신약시대나 변함이 없다. 이스라엘의 실패와 파멸은 하나님의 계획이 실패했거나 포기되었음을 의미하지 않는다. 하나님은 새 백성을 세우셔서 옛 계획을 이어가신다. 아니, 이렇게 표현하자. 하나님은 이제 자신이 요구하는 열매를 맺고 그 열매를 두 손 가득히 받들어 올릴 사람들을 자기 백성으로 부르신다. 열매는 이 백성이 가진 가능성이요 동시에 그들이 존재하는 목적이 된다. 무엇이 그 열매인가에 관하여서는 이 포도원의 비유가 시원한 답을 주지 않는다. 그러나 이스라엘의 실패와 관련하여 최소한 하나는 지적할 수 있다. 이스라엘의 가장 나쁜 열매가 하나님의 아들을 부인하고 죽인 것이지만 새 백성의 가장 큰 열매는 그 하나님의 아들을 믿고 따르는 것이다. 천국은 예수를 믿는 사람들을 그 백성으로 받아들인 나라다. 그 나라는 이스라엘로부터 버림받았으나 천국의 모퉁잇돌이 되시는 예수 위에 차곡차곡 지어져 가는 하나님의 집이다.

결혼잔치

하늘나라는 어떤 사람, 곧 자기 아들을 위하여 결혼잔치를 베푼 임금과 같다. 결혼잔치에 초대받은 사람들을 불러오도록 그가 자기 종들을 보내었으나, 그들은 오고 싶어 하지 않았다. 그는 다시 다른 종들을 보내며 말하였다. 초대받은 사람들에게 말하여라. 보시오. 내 만찬이 준비되어 있소. 내 황소와 살진 짐승들을 잡아 두었고 모든 것이 갖추어졌소. 결혼잔치에 오시오. 그러나 그들은 관심도 갖지 않고 하나는 자기 밭으로, 하나는 자기 장사차 가 버렸다. 남은 사람들은 그의 종들을 붙잡아서 모욕하고 죽였다. 그러자 임금은 성이 나서 자기 군대를 보내어 그 살인자들을 죽이고 그들의 성을 불태워 버렸다. 그 후에 그는 자기 종들에게 말하였다. 결혼잔치는 마련되어 있는데 초대받은 사람들이 마땅하지 않다. 그러므로 길 네거리로 가서 너희가 만나는 사람들은 누구든지 결혼잔치에 불러오너라. 그 종들이 길에 나가서 악한 사람이든 선한 사람이든 그들이 만난 사람들을 모두 데려왔다. 그래서 결혼잔치는 앉아 있는 손님들로 가득 채워졌다. 임금이 앉아 있는 사람들을 보려고 들어왔다가 거기서 결혼잔치의 예복을 입지 않은 한 사람을 보고 그에게 말하였다. 벗이여, 어떻게 결혼잔치의 예복을 입지 아니한 채 여기 들어왔는가? 그러나 그는 입을 다물고 있었다. 그때 임금이 시중드는 사람들에게 말하였다. 그의 발과 손을 묶어서 그를 바깥 어둠 속으로 내던져 버려라. 거기에는 울음과 이를 갊이 있을 것이다. 초대받은 사람들은 많지만 뽑힌 사람들은 적기 때문이다. 〈마 22:2~14〉

두 아들의 비유와 포도원의 비유를 듣는 동안 대제사장들과 장로들은 마음의 동요를 일으키기 시작했다. 왜냐하면, 예수는 그들을 비유에 등장시키고 비유해석에서 그들을 책망하며 그들의 미래가 어두울 것임을 밝히셨기 때문이다. 예수는 이들의 질문에 대답했을 뿐만 아니라 그들의 마음에 숨겨져 있던 불신과 악의를 다루셨다. 비유의 해설을 들으면서 그들은 분노로 견딜 수 없게 되었다. 당장에라도 예수를 잡고 싶었으나 둘러선 무리 때문에 감히 그렇게 하지는 못했다. 그들의 동요와 분노에도 아랑곳하지 않고 예수는 다시 비유를 말씀하신다. 지금 다루려는 결혼잔치의 비유는 대제사장들과 장로들의 반응에 대한 예수의 대답이다. 즉 이 비유는 앞에서 다룬 두 비유의 내용을 보충하는 설명, 또는 결론이다. 따라서 앞에서 발견한 내용을 충분히 소화하여 이 비유에 적용해야만 이 결혼잔치의 비유가 살아난다. 다음의 세 가지를 주목해야 한다.

첫째, 이스라엘의 실패가 다시 다루어진다. 앞에서 암시되었던 이스라엘의 멸망이 확실히 묘사된다. 둘째, 두 아들의 비유에서는 회개하고 세례 요한에게 세례를 받은 세리와 창기들로, 포도원의 비유에서는 그 나라의 열매 맺는 백성으로 소개된 사람들에 관하여 좀 더 구체적인 설명이 나온다. 셋째, 이스라엘 중에서도 천국의 자녀를 고르고 남은 모두를 버렸듯이, 앞에서 긍정적으로만 소개되었던 천국의 백성에게도 이러한 심판이 적용되어 천국에 부적합한 자가 가려진다.

어떤 임금이 있었다. 그에게 한 아들이 있었다. 사랑하는 아들이 결혼할 나이가 되자 임금은 거창한 결혼잔치를 계획했다. 잔치에 초대할 사람들을 정하고 날을 잡았다. 착오가 없도록 미리 초청장을 보냈다. 결혼식 날이 다가오면서 분위기는 점점 고조되었다. 손님들이 실컷 먹고 마실 수 있는 음식이 풍부하게 준비되었다. 소도 잡고 양도 잡았다. 야단법석 끝에 잔칫날이 되었다. 임금은 아들과 함께 화려하게 차려입고 손님들을 맞을 준비를 하고 종들을 보내어 손님들을 모셔오도록 하였다. 그러나 돌아온 종들이 전해준 소식은 전혀 뜻밖이었다. 손님들이 오기를 싫어한다는 것이다. 당황한 임금은 다시 종들을 불렀다. 황소도 잡고 살진 짐승들도 잡는 등 결혼잔치가 완벽하게 준비되었으니 어서 오도록 알리라고 명령했다. 그러나 초대받은 손님들은 관심도 두지 않고 각자 자기 일에 바빴다. 어떤 사람은 밭으로 어떤 사람은 장사하러 떠나버렸다. 할 일 없는 사람들은 종들을 잡아 온갖 모욕을 주는가 하면 종들을 죽이기까지 했다. 임금의 잔치에는 어울리지 않는 얘기지만 힘이 없는 꼭두각시 왕이나 실각할 위기에 처한 왕에게 가능한 광경이다. 임금은 분노를 더는 참지 못하고 군대를 보냈다. 함께 웃으며 아들의 결혼잔치를 즐기려고 초대했던 귀족들을 죽이고 그들의 집과 성을 다 태워버렸다. 피비린내나는 왕자의 결혼식이 되고 만 것이다.

정신을 차린 왕은 다시 종들을 불러 아무나 초청하여 잔치자리를 가득 메우라고 명령했다. 그래서 왕자의 우아하고 화려해야 할 결혼잔치가 시장바닥처럼 변한다. 종들은 밖에 나가서 닥치는 대로 사람들을 불러 모았다. 굶주린 사람들은 모두 초대에 응했다. 선한 사람이나 악한 사람을 가리지 않았다. 왕자의 혼인 잔치에 감히 올 수도 없는 사람들이 불려온 것이다. 횡재를 만난 손님들은 왕궁으로 들어가며 손과 발을 씻고 결혼예복을 입고 잔칫상을 받았다. 결혼예식에 참가하는 사람들은 모두 주인이 마련한 예복을 입는 것이 당시 팔레스틴의 풍습이었다. 마음을 진정시킨 임금이 결혼잔치를 시작하려고 연회장으로 들어왔다. 자신과 아들을 축하하러 모인 하객들을 훑어보던 임금은 문득 한 곳을 주시하였다. 예복을 입지 않은 한 사람이 앉아 있었던 것이다. 아무 조건도 묻지 않고 사람들을 불러오게 한 임금도 손님이 예복마저 입지 않았다는 사실에 화가 났다. 왕은 그를 친구라고 부르며 친절하게 그 이유를 물었다. 그는 대답하지 못했다. 옷이 모자랐을까? 아님, 입기 싫었을까? 어쨌든 그는 결혼잔치의 예절을 무시한 것이다. 그렇게 함으로써 그는 임금까지 무시하고 말았다. 왕은 그를 묶어 밖에 던지라고 명령했다.

마치 단편소설 같다. 그러나 현실성 없는 얘기는 아니다. 초대받았던 사람들은 이 임금의 왕권을 인정하지 않았을 수 있다. 실각할지도 모르는 임금에게 잘 보이기보다는 차기를 보며 몸을 도사릴 수도 있다. 당시 유대 상황에서 종종 있었던 사건이다. 서기 6년 유대인들은 로마 황제에게 유대 지역의 사분왕으로 있던 헤롯 아켈라우스를 파면시킬 것을 호소하여 로마 총독이 유대 땅을 지배하게 하기도 했다. 유대인들은 수십 년 동안 헤롯 왕가의 싸움, 전통 가문과 신흥 귀족계급의 세력 다툼, 그리고 로마 황실과 원로원의 싸움 사이에서 어느 편에 붙느냐는 문제로 몸살을 앓고 있었다.

결혼잔치는 포도원과는 다른 비유어이다. 앞에서 다룬 여러 비유에서 예수는 이스라엘이나 새로운 백성을 모두 포도원 안에 들어 있는 것으로 묘사하셨다. 즉 새로운 한 집단이 이스라엘이 차지하고 있었던 포도원을 물려받은 것으로, 이렇게 이스라엘은 하나님의 나라를 빼앗기고 예수의 제자들이 그것을 넘겨받는 것으로 설명하셨다. 그러나 결혼잔치의 비유에서는 이스라엘이 초대만 받았을 뿐 아직 참여하지는 못한 것으로 그려진다. 새로운 상황에서는 이 초청이 아무 조건 없이 길에 있던 누구에게나 제공되고 초청을 수락하는 사람들은 이스라엘이 누리지 못했던 결혼잔치에 들어간다. 또 결혼잔치가 시작되기 전에 예복을 입지 않은 사람을 축출함으로써 결혼잔치에는 예복을 입은 사람들만 남게 된다. 이렇게 보면 결혼잔치는 알곡과 독보리의 비유나 그물의 비유에서처럼 세상의 마지막 상황에 초점을 맞춘 비유다.

예수는 이 비유에서 이스라엘의 실패를 설명하고 과거 구약시대에 그들이 누렸던 하나님의 축복을 재해석하시려고 새로운 개념을 도입하신다. 이스라엘에 주어진 특권이란 하나님의 결혼잔치에 참석하도록 초청받은 것, 즉 예비적 성격을 가진 것뿐이다.

이러한 관점에서 보면 '아브라함의 자녀'란 칭호는 영원한 축복을 보장하는 보증서가 아니라 하나님의 계획에 따라 살아가도록 선발되었으며 기회가 올 때에 누구보다 앞장서서 하나님의 잔칫상에 앉아야 한다는 의미에서 붙여진 이름이 된다.

적당한 때에 하나님은 선지자들을 보내셨고 그 마지막에 자신의 아들을 보내셔서 아브라함의 자녀를 천국의 결혼잔치에 들어오도록 부르셨다. 그러나 이스라엘은 받았던 초청장을 잊고 세상일에 빠져 있었다. 그들은 하나님의 잔치에는 도무지 아무런 관심이 없었다. 따라서 그들의 특권이란 쓸모없는 것이 되고 말았다. 예수는 하나님의 일에 무감각해진 이스라엘을 향해 "초대받은 사람은 많지만 뽑힌 사람은 적다"고 말씀하시며 그들을 포기하신다. 이스라엘은 초대는 받았지만 뽑힌 사람들은 아니다.

이 비유에서 '그 나라의 열매들을 맺는 백성'이 어떤 사람들인지가 아주 명백해진다. 이스라엘을 버리신 하나님은 막 시작되려는 결혼잔치를 위해 아무나 불러오게 하신다. 새로운 초대에 응하기만 하면 누구나 올 수 있다. 예수가 오셔서 빈부나 귀천, 직업, 남녀 등 어떤 외부적 차이도 염두에 두지 않고 사람들을 부르셨던 것과 조금도 다르지 않다. 하나님은 더는 과거를 묻지 않으신다. 하나님의 초대에 응하기만 하면 누구나 천국의 백성이 된다. 세리와 창기들이 그렇게 천국을 약속받았다. 그들은 세례 요한의 입을 통해 나오는 임금의 초대를 받아들였기 때문이다. 예수의 제자들이 그렇게 천국과 인연을 맺었다. 그들은 갈릴리를 거니시다가 그들을 부르시는 예수의 목소리에 응답하고 따랐기 때문이다. 유대인이냐 이방인이냐도 더는 중요하지 않았다. 인간으로 오신 하나님 아들의 음성에 매료되고 그의 사역에 혼을 뺏기기만 하면 혈루증 여인도, 수로보니게 여인도, 심지어 문둥이와 거지도 천국을 경험할 수 있었다. 천국 문은 활짝 열렸고, 잔칫상이 사람들을 유혹했다. 예수에게 오기만 하면 편히 쉬고 배부르게 먹고 마실 수 있었다. 그래서 그의 제자들은 예수의 생애와 교훈을 복음, 즉 기쁜 소식이라고 불렀다. 예수는 하나님께서 마련하신 하늘나라의 결혼잔치에 들어오라는 하나님의 초대장이다. 사람들은 예수를 믿음으로써 하나님의 초대를 받아들이고 천국을 소유하게 된다. 예수를 믿는 것은 예수를 보내신 하나님을 믿는 것이다. 그리스도를 향한 믿음이야말로 이 세상에 천국이 시작되고 확장되는 원리이다. 그것은 하나님의 어린양 결혼잔치에 들어가는 입장권이다. 다른 방법은 없다.

 아직 결혼잔치의 막이 오르지 않았다. 초청장을 지닌 임금의 종들이 아들의 결혼잔치를 위해 열심히 뛰어다니고 있다. 예수의 비유는 아직 진행 중이다. 이천여 년 동안 예복을 입으시고 아들과 함께 손님을 맞으려고 정중히 서 계신 하나님의 모습을 우리는 오늘도 사거리에서, 길모퉁이에서, 아니, 곳곳에서 느낄 수 있다. 아무나 오라고 하신다. 아무나 데려오라고 하신다. 천국의 백성은 지금도 만들어지고 있다. 그렇게 오늘도 천국 나무는 자라고 있다. 우리는 하나님의 활동 역사 안에 사는 것이다. 세상의 역사 안에 눈에 보이지 않는 다른 역사가 흐르고 있다. 하나님의 잔칫상에는 아직도 빈자리가 있어 하나님의 역사는 계속된다. 이것을 우리는 구속사관이라고 부른다. 예수는 그러한 구속사관을 가지고 이스라엘의 역사를 분석하시며 미래를 예측하신다. 예수는 자신의 출현과 생애를 구속사의 대전환점으로 이해하셨다. 그것을 확인하고 선언하시는 것이 이 결혼잔치의 비유와 앞의 두 비유다. 예수가 역사의 분기점이시다.

이 비유의 결론에 나오는 결혼예복은 무엇을 상징할까? 예수의 설명은 없다. 예복을 입지 않았다고 해서 결혼잔치에 들어가 앉았다가도 쫓겨난다는 것만 말씀하셨다. 예수를 믿지 않는 유대인들을 하나님의 초청을 거부한 것으로, 예수를 믿고 따르는 사람들을 하나님의 부르심에 즐거이 응하는 것으로 비유하셨기 때문에 문제가 심각해진다. 이스라엘이 예수를 믿는 것에 실패하고 새 백성이 예수를 믿음으로 구성되기 시작한다면 초대에 응한 것, 즉 예수를 믿는다는 것으로 충분하지 않을까? 그런데 예복을 입지 않은 사람이 쫓겨난다. 따라서 결혼예복이 믿음의 상징어일 수는 없다.

우리는 같은 문제로 여러 번 고민한 적이 있다. 그리고 비슷한 개념들 때문에 풀리지 않는 수수께끼를 놓고 씨름하듯이 기도한 적이 있다. 그것을 아래에 정리해 본다.

○열매를 통해 확인되는 독보리. 이 독보리를 그의 나라에서 골라내어 불에 던진다고 하셨다. 천국에도 모든 '넘어지게 하는

것'과 '불의한 자들'이 남아 있다가 최종적으로 분리된다.
○ 천국이란 그물에 걸린 좋은 고기와 나쁜 고기. 마지막에 악한 자들을 선한 자 사이에서 다시 골라낸다. 하나님의 심판은 교회도 위협한다.
○ 하나님의 용서와 인간 용서의 필연적 관계. 심지어 하나님의 용서 번복이라는 신학적 난제를 만들어낸다.
○ 두 아들 중에서 '아버지의 뜻을 행한 맏아들'과 그렇지 못한 '막내아들'을 나누었다. 여기서는 믿음이란 개념도 아버지의 뜻에 포함되어 있었다.
○ 열매를 돌려 드리지 않은 이스라엘과 '그 나라의 열매를 맺는 다른 백성'의 대조. 새 백성에게도 열매가 문제시된다.

이 결혼잔치의 비유에서는 이스라엘이 예수를 거부하여 쫓겨나는 대신 예수의 제자들은 예수를 믿음으로 하나님의 초대를 받아들여 잔치에 참여했다. 그런데 예복을 입어야 한다. 예복을 입지 않은 손님을 수족을 결박하여 바깥 어둠에 내어 던진다. 이미 초대를 받아들인 사람들을 임금은 예복을 가지고 재차 구분한다. 비유의 결론으로 제시하신 '초대를 받은 사람은 많지만 뽑힌 사람은 적다'라는 말씀은 이스라엘에만 아니라 천국의 백성에게도 적용된다.

예수의 비유는 감정과 마음과 의지를 사용하여 움직이며 사는 사람과 그가 믿음을 따라 만들어 내는 삶, 그의 인생 전체를 다룬

다. 예수는 사람이라는 유기적 조직체에 믿음이 심어질 때에 의지의 충돌현상이 일어나 인격의 분열이 일어나게 한다고 보지는 않으셨다. 혹 그러한 경우가 있더라도 믿음은 이러한 괴리현상을 극복할 수 있어야 하고 그러할 때에야 비로소 믿음을 통해 예수가 왕 노릇 한다고 할 수 있다.

우리는 하나님의 초대에 응할 때 그 천국의 초대장이 무엇을 의미하는지를 알고 있어야 한다. 무작정 들어가 아무 자리에나 앉아서 아무렇게나 자기의 판을 벌이는 것이 천국이 아니다. 하나님이 결혼잔치를 마련하시고 우리를 초대하신 것이다. 결혼잔치의 초대에 응한다는 것은 그 임금이 요구하는 자리에 참석하여 그가 정한 절차와 의식을 따라 그가 제공하는 것을 먹고 마신다는 것을 뜻한다. 이것이 결혼잔치의 비유가 우리에게 주는 교훈이다. 그런데 잔치에 응했으면서도 당연히 입어야 할 예복을 입지 않은 사람이 있다. 잔치 풍습을 몰랐을까? 고의로 그렇게 했을까? 여하튼 그는 쫓겨나고 말았다. 모든 것을 하나님의 지시에 따라야 한다. 하나님의 초대에 응하는 순간 우리는 우리의 생명을, 그리고 이 생명이 만들어내는 생애를 하나님에게 맡기는 것이다. 이것이 하나님을 믿고 그의 다스림을 받는다는 의미가 아닐까? 그것은 무중력상태로 돌입하여 아무렇게나 밀려다니는 것이 아니라 하나님께서 요구하시는 대로 생각하며 느끼며 행동하는 것, 즉 그의 예복을 입는 것을 의미한다. 예복이란 하나님을 섬기는 사람들에게 요구하시는 바른 생각, 바른 행동, 바른 삶에 대한 비유어다. 하나님은 왕으로 자리 잡고 싶어하신다. 그것이 천국이다. 예수와 긍정적 관계에 들어간 사람들에게 하나님께서 하나님의 자녀다운, 천국의 시민다운 삶을 요구하시는 것은 무리일까? 이런 것 없이 하나님이 나의 왕이시라고 말할 수는 없다. 예수를 주님이라는 고백하는 것은 그것이 단순한 지식이나 말이 아닌 이상 주님을 대하는 진정한 인격에서 우러나와야 한다. 이러한 태도가 없으면 주님은 자신이 왕이시라는 것을 증명하시려고 우리의 것을 빼앗으시거나 우리를 바깥 어둠으로 던져 버리실 것이다. 우리에게 예복이 없을 때 그 예복을 입지 않은 책임을 추궁하는 것은 당연한 천국의 질서다.

열 처녀

그때 하늘나라는 자기 등잔을 가지고 신랑을 맞으러 나간 열 처녀와 같을 것이다. 그들 가운데 다섯은 어리석고 다섯은 슬기로웠다. 어리석은 처녀들은 자기 등잔은 가졌지만 기름을 몸에 지니고 있지 않았고 슬기로운 처녀들은 자기 등잔과 함께 그릇에 기름을 가지고 있었기 때문이다. 신랑이 늦게 오자 모두가 졸다가 잠이 들었는데 밤중에 고함소리가 났다. 보아라, 신랑이다. 그를 맞으러 나오너라.

그때 그 처녀들이 모두 일어나서 자기 등잔을 손질하였는데 어리석은 처녀들이 슬기로운 처녀들에게 말하였다. 우리 등잔이 꺼져 가니까 너희 기름을 우리에게 좀 나누어 달라. 그러자 슬기로운 처녀들이 대답하였다. 우리와 너희에게 결코 충분하지 않을 것으로 염려되니 차라리 파는 사람들에게 가서 너희 자신을 위하여 사라. 그들이 사러 가는 동안 신랑이 왔고 준비된 처녀들은 그와 함께 결혼 잔치에 들어갔으며 대문은 닫혀 버렸다. 나중에 나머지 처녀들이 와서 말하였다. 주님, 주님, 저희에게 (문을) 열어주십시오. 그러나 신랑은 대답하였다. 참으로 내가 너희에게 말하는데, 나는 너희를 알지 못한다. 그러므로 깨어 있어라. 그날도 그 시각도 알지 못하기 때문이다. 〈마 25:1~13〉

마태복음 25장에는 세 개의 천국의 비유가 나란히 수록되어 있다. 열 처녀의 비유, 달란트의 비유, 그리고 양과 염소의 비유이다. 이 세 비유는 이때까지 다룬 비유들과 전혀 다른 상황에서 주어졌다. 따라서 이 비유들을 이해하려면 자세한 배경연구가 우선해야 한다.

예수께서 예루살렘에 입성하신 후 나흘 정도가 지났다. 그동안 예수와 예루살렘 지도자들 사이의 골은 점점 깊이 팼다. 지금까지 한 번도 의견이 일치된 적이 없는 바리새인들과 헤롯당이 예수를 함정에 빠뜨리고자 연합하기에 이르렀다. 사두개인들도 괴상한 질문들을 가지고 예수를 찾아왔다. 예수의 최후가 천천히 다가온다는 것을 느낄 수 있다. 앞으로 이틀! 예수는 자신이 예언하신 대로 그 마지막을 차곡차곡 준비하셨다. 율법학자들과 바리새인들에게는 신랄한 비판으로, 예루살렘을 향해서는 냉혹한 저주로 작별인사를 하셨다.

심상치 않은 분위기에 걸맞게 제자들도 재림과 종말에 관하여 질문했다. 감람산 위에 앉아서 멀리 내려다보이는 성전을 응시하시며 예수는 말세에 일어날 일들을 조용히 말씀하신다. 마지막 설교가 시작된 것이다. 우리가 종말설교라고 부르는 이 설교에서 예수는 마지막 날이나 재림의 시간, 그리고 이 사건들의 구체적인 진행과정을 알려주시지는 않으셨다. 그날과 그때는 아무도 모른다. 예수의 설교는 이 날이 오기 전에 어떤 징조들이 나타날 것인가를 주요내용으로 삼고 있다. 그러나 예수는 이 징조들을 정확하게 묘사하는 데 관심을 두지는 않으셨다. 설교는 전체적으로 예수의 제자들에게 집중된다. 즉 예수는 종말에 즈음하여 제자들에게 어떤 일들이 일어날 것이며, 그들이 어떤 태도를 보이고 무엇을 주의해야 하고, 어떻게 행동하고 살아가야 하는가를 이 종말설교에서 가르치셨다. 요약하면 첫째, 인자의 재림시기를 알지 못하므로 깨어 예비하고 있을 것, 둘째, 예수께서 부탁하신 일을 성실하게 이행하고 있을 것이 예수께서 제자들에게 부탁하신 것이다. 그리고 연이어 세 비유를 차례로 말씀하셨다. 그러므로 이 비유들은 예수께서 결론적으로 말씀하신 위의 두 가지 당부를 보다 실감 나게 설명하신 것으로 보아야 한다. 예수의 제자들이 예수께서 다시 오실 때까지 어떠한 자세로 이 세상을 살아가야 하는가가 이 비유들의 주제다.

기록에 의하면 서기 1세기 팔레스틴에서는 남자는 18~24세, 여자는 13~14세가 결혼적령기였다. 당시의 결혼은 한 남자와 미래의 장인 간에 약속을 맺음으로 성립되었다. 약속한 날짜에 신랑이 먼저 신부 집을 찾아간다. 친구들과 함께 있던 신부는 신랑을 따라 친구들이 둘러싼 가운데 신랑 집으로 가서 결혼잔치를 벌인다. 결혼식은 대개 초저녁에 시작된다. 따라서 신부의 행렬은 신부의 친구들이 등불을 밝히고 춤을 추며 가는 아름다운 광경이다. 예수의 열 처녀 비유는 이러한 결혼풍습에서 한 장면을 따온 것이다.

열 명의 처녀들이 들러리를 서려고 시집가는 친구 집에 모였다. 재잘거리며 웃으며 마치 자기들이 시집가는 것 마냥 흥분하고 있었다. 그들은 행사에 사용할 등불을 준비해서 가지고 갔다. 신랑은 초저녁에 오기 때문에 여분의 기름은 필요 없었다. 간편한 차림으로일수록 좋다. 그러나 다섯 처녀는 행여나 하는 마음에서 여분의 기름을 별도로 가지고 갔다. 예수는 이 점 때문에 그 다섯 처녀를 지혜로웠고 그러지 않은 다섯 처녀를 어리석었다고 부르셨다. 하지만, 신랑은 제때에 오지 않았다. 초조하게 기다리던 처녀들은 모두 꾸벅꾸벅 졸기 시작한다. 신랑의 도착이 지연됨에 따라 그들은 점점 깊은 잠에 빠져들었다. 신랑은 밤중에야 도착했다. 신랑이 왔다는 고함에 신부 집은 갑자기 시끄러워졌다. 열 처녀도 일어나 머리를 손질하고 등을 손에 쥐었다. 등불은 그들이 자는 동안에도 계속 타고 있어서 금방이라도 꺼질 것 같다. 다섯 처녀는 예비한 기름을 찾았다. 그들에게는 별걱정이 없었다. 그런데 다른 다섯 처녀가 다가와 기름을 나누어 쓰자고 했다. 그러나 예비해 온 기름은 나누어 쓸 정도로 많지 않았다. 예비 기름을 준비한 처녀들은 기름을 등잔에 부으며 차라리 가서 사라고 말한다. 다급해진 다섯 처녀는 기름을 사려고 황급히 달려나갔다. 그러나 그들이 돌아오기 전에 결혼행렬은 시작되고 잔칫집의 문은 굳게 닫혀 버렸다. 뒤늦게 등을 들고 도착한 다섯 처녀가 문을 두드렸지만, 신랑은 생면부지의 처녀들에게 문을 열어주지 않았다. 그들이 할 일도 이제 없다. 신랑을 기다렸던 다섯 처녀는 바로 그 신랑에게 문전박대를 당한다. 결혼잔치는 그들 없이도 훌륭하게 치러질 수 있었다.

예수는 이 비유에서 천국을 설명하는 접촉점을 열 처녀에게 맞추셨다. 즉 이 비유는 천국 개념의 세 요소 중에서 백성에게 초점이 맞추어진 비유다. 천국의 백성 중에 긍정적 부분과 부정적인 부분이 있다는 것이 그 핵심이다. 이런 관점에서 이 열 처녀의 비유는 알곡과 독보리의 비유, 그물의 비유, 결혼잔치의 비유와 맥을 같이한다. 그러나 열 처녀의 비유에서는 다른 어떤 비유에서보다 더 명백하게 모두가 등불을 가지고 신랑을 기다리는 것으로 묘사되어 있다. 따라서 여분의 기름을 준비하지 않은 어리석은 다섯 처녀를 '위선자'라거나 진실한 백성과는 본질적으로 다른 독보리로 구별하기 어렵다. 교회에 자신의 정체를 숨긴 사람들이 들어와 해를 끼친다는 해석은 또한 이 비유를 바로 설명하지 못한다.

신랑은 예수 자신의 비유어이다. 신랑을 기다린다는 것은 예수의 재림을 기다림을 뜻한다. 예수께서 이 비유의 끝에 하신 말씀, 즉 "그러므로 깨어 있어라. 그날도 그 시각도 너희는 알지 못하기 때문이다"는 종말설교 중 첫 번째 결론인 "그러므로 깨어 있어라. 어느 날 너희 주님이 오시는지 너희가 알지 못하기 때문이다"마 24:42와 같다. 이 구절의 '주님의 재림'은 마태복음 24장 3절에 제자들이 질문한 '당신의 재림'을 가리킨다. 이 열 처녀 비유가 예수의 재림에 즈음한 제자들의 태도를 교훈하는 것임을 알 수 있다.

이 비유는 하나님의 백성과 하나님의 백성이 아닌 사람, 또는 예수를 모르는 사람을 비교하고 있지 않다. 예수를 믿지 않는 사람들은 천국의 비유가 시작될 때부터 일찌감치 천국에서 제외되었다. 예수와 관계없는 사람은 모두, 심지어 하나님의 백성이라던 이스라엘까지도 천국에서 배제되었다. 비유 속의 열 처녀는 모두 신랑을 알았을 뿐만 아니라 그를 기다리고 있었다. 따라서 예수의 재림을 기다리는 그리스도인들, 즉 예수의 제자들을 가리키는 상징어로 보아야 한다. 예수의 많은 비유가 똑같은 어려운 문제를 일으킨다. 예수를 믿고 따르는 사람 중에 독보리가 섞여 있다. 천국이라 불리는 그물에 먹을 수 없는 고기가 잡혀 있다. 예복을 입지 않은 사람이 결혼잔치에 들어와 앉아 있다. 비슷하게 이 비유에는 예비 기름도 가지지 않은 미련한 처녀들이 주님의 재림을 기다리고 있다. 예수는 교회 건물에만 들어왔다가 나가는 누구나 알 수 있고 본인도 확인할 수 있는 형식적 기독교인을 지시하지 않으셨다. 예수께서 사용하신 단어는 교회가 아니라 천국이다. 천국에 관하여 이렇게 말씀하셨다면 소위 보이는 교회는 얼마나 더 심할까?

열 처녀는 모두 신랑을 기다렸다. 모두 등을 가지고 있었다. 그 등에는 결혼행렬에 쓸 충분한 기름이 들어 있었다. 불도 환하게 타오르고 있었다. 문제는 신랑이 늦어지는 데서 발생한다. 그래서 열 처녀는 모두 졸았다. 깊은 잠에 빠졌다. 신랑이 올 때까지 열 명이 모두 자고 있었다. 신랑이 늦게나마 왔을 때 열 명은 모두 벌떡 일어나고 등불을 손질했다. 여기까지 슬기로운 처녀들과 어리석은 처녀들은 똑같았다. 다른 점이 있다면 비상용 기름의 유무뿐이다. 신랑이 늦지만 않았다면 아무 일도 없었을 것이다. 생각의 폭을 넓혀 보자. 기다림의 시간이 벌써 이천여 년이나 지나갔다. 제자들은 기다리다 못해 죽어 주님을 찾아갔다. 그리고 지구촌에는 새로운 제자들이 또 그날을 기다렸다. 이천여 년이나 기다려온 예수! 너무 늦게 오시는 것 아닐까? 초조함이 기다리는 사람들을 지배한다. 또 이천여 년이 흘러가지 않을까? 나태함과 느긋함이 마음을 파고든다. 하나님께는 천 년이 하루 같다는 공식을 대입하면 이제 겨우 이틀 지난 것이다. 다시 예수의 비유로 돌아가자. 비유에 나오는 결혼잔치는 미래에 대한 예언이다. 예언에는 시간 개념이 들어가지 않는다. 예수는 오랜 후의 일을 현재의 교훈을 위하여 미리 말씀하셨다. 자기 제자들이 지혜로운 다섯 처녀처럼 신랑에게 박대당하지 않도록 하시려고 이 비유를 말씀하신 것이다. 주제는 "준비하고 깨어 있어라"마24:44; 25:13이다. 우리는 마치 우리 자신이 이천 년을 기다린 것으로 착각이다. 그러나 아무도 수십 년 이상을 기다리지 못한다. 우리는 성급해서 더는 기다리지 못하고 모든 것, 심지어 육체까지도 버리고 주님에게 간다. 하지만, 예수께서 당장에라도 올 것으로 생각한다면 등불이 꺼져갈 때도 사용할 수 있는 여분의 기름을 더 열심히 준비하게 되지 않을까?

여분의 기름을 준비했느냐 그렇지 않느냐가 지혜로운 처녀들과 어리석은 처녀들을 구분하는 유일한 조건이다. 이 예비 기름 때문에 어리석은 다섯 처녀는 등잔을 가지고 재림을 기다렸으면서도 신랑에게 거절당하고 신랑을 기다리지 않은 사람들과 똑같은 신세가 된다. 열 처녀 비유의 핵심은 여분의 기름이 무엇을 상징하는가에 있다. 그것이 없어서 어리석은 처녀들의 등잔은 빛을 잃었고 이 처녀들은 잔치에 가나 마나가 된 것이다. 문제를 이렇게 꼬이게 한 것은 무엇보다도 재림의 지연임을 잊어서는 안 된다. 따라서 그 사이에 무슨 일이 일어날 것인지도 계산해야 한다.

이 비유의 배경이 되는 예수의 종말설교마23~24장로 돌아가 보자. 예수의 재림이 있기 전에 세상을 미혹하는 사람들이 등장한다. 난리와 난리의 소문들이 떠돌고 민족적, 국가적 전쟁이 발생하며 곳곳에 지진과 기근이 발생한다. 그 와중에 예수의 제자들은 환난을 당한다. 모든 민족이 그리스도인들을 미워하는 가운데 그리스도인들은 시험에 빠지고 서로 미워하고 사랑을 버린다. 이렇게 불법이 판을 치고 난 이후에야 인자가 오신다. 열 처녀 비유는 예수께서 언제 오신다 하더라도, 혹 너무 늦게 오셔서 그들이 환란과 핍박, 미혹에 빠져든다 하더라도 끝까지 인내하고마24:13 예수께서 그들에게 요구하신 것을 버리지 말아야 한다는 경고요 격려다. 여분의 기름은 제자들이 겪게 될 미래의 현실과 결부되어 있다. 일련의 천국 비유들이 다시 처음의 주제로 돌아가고 있다. 이 주제는 이미 씨 뿌리는 자의 비유에 나왔던 주제이다. 예수는 그 비유에서 천국의 말씀을 듣고, 기쁨으로 받아들이며, 천국의 말씀 때문에 일어나는 환난과 핍박을 견디며, 세상의 유혹과 재물의 욕심을 극복하는 사람을 좋은 땅에 떨어진 씨에 비유하셨다.

예수 때문에 예수를 기다리는 사람들에게 이러한 일들이 일어난다. 열 처녀처럼 졸아도 깊은 잠에 빠져도 신랑을 맞을 여분의 기름은 있어야 한다.

　제자들은 예수의 부르심을 듣고 그를 믿음으로써 제자가 되었다. '믿음'은 제자들에게 요구하신 것이 아니라 제자들을 만드는 도구다. 믿는 사람 즉 제자라는 등식이 성립하는 것이다. 그래서 기독론적 믿음을 우리는 '제자'의 자격요건 혹은 교회의 구성원리라고 부른다. 예수에 대한 믿음이 없다면 제자라는 단어가 적용되지 않는다. 그렇다면, 제자들을 제자로 계속 존재하게 하는 예비 기름은 무엇인가? 이것은 예수께서 제자들에게 요구하신 것이다. 예수께서 설교를 통해 자기 제자들에 가르치신 것을 분석하면 대략 다음 네 가지로 요약된다. 첫째, 예수께서 오심으로 말미암아 나타나는 하나님의 은총과 축복에 대한 선언. 이는 예수의 인격, 활동, 생애와 연결된다. 둘째, 하나님의 은총을 받아들이라는 권고. 회개나 믿음 등 첫째 요소에 대한 긍정적 반응을 뜻한다. 셋째, 예수로 말미암아 나타나는 하나님의 은총을 체험하는 사람들에게 주시는 명령. 구약의 해석과 예수의 종교적, 윤리적 명령을 뜻한다. 넷째, 예수의 가르침을 꼭 가르치고 이행하라는 권고와 경고. 하나님의 은총을 바르게 수용했다는 확증이 된다. 첫 번째와 세 번째는 하나님과 예수의 일방적인 사역이다. 신학자들은 이것을 하나님의 직설법과 명령법으로 구분한다. 하나님이 선언하신 것과 명령하신 것으로 설명할 수도 있다. 두 번째와 네 번째는 하나님과 예수의 사역인 첫째와 셋째에 대해 인간의 응답을 요청하시는 것이다. 두 번째는 인간의 수동적 반응, 네 번째는 인간의 능동적 반응을 요구하셨다는 뜻이다. 좀 더 쉽게 하나님과 하나님의 일에 대한 믿음과 하나님의 요구에 대한 순종이라고 설명할 수 있다.

예수는 자기 제자들의 인격과 삶을 다루셨다. 살아 움직이는 사람들을 불러 천국의 백성으로 만드신다. 예수는 자신의 인격, 삶과 관련된 하나님의 은혜를 선포하시면서 동시에 은혜에 어울리는 교훈을 주셨다. 예수를 믿음과 예수의 말씀에 대한 순종은 삶의 차원에서는 분리되는 것이 아니다. 예수를 주님이라고 믿고 의지하는 것과 그 주님의 명령에 순종하는 것은 하나로 결합한다. 등과 기름이 서로 필요로 하는 것처럼 우리는 어떠한 환란과 미혹, 핍박 속에서도 믿음을 잃지 않고 믿음에서 우러나오는 순종을 잃지 말아야 한다. 이것이 천국의 말씀을 진정으로 이해하는 삶이다. 따라서 기다림의 시대에 특정한 장소에서 예수의 말씀에 순종하는 삶은 모든 기독교인들이 가지고 있어야 할 기름이다.

앞에서 다룬 다른 비유에서도 같은 결론을 이끌어 냈지만, 예수의 다른 교훈에서도 이것을 한 번 확인해 보자.

너희는 땅의 소금이다. 그러나 소금이 맛을 잃으면 그것은 무엇으로 짜게 되겠느냐? 바깥에 버려져서 사람들에게 밟히는 것밖에는 아무짝에도 쓸모가 없다. 너희는 세상의 빛이다. 산 위에 세워진 성이 숨겨질 수 없다. 등잔은 켜서 말 밑에 놓지 않고 등잔대

위에 놓는다. 그래야, 집 안에 있는 모두를 비춘다. 이렇게 너희 빛을 사람들 앞에 비추어서 그들이 너희 착한 일들을 보고 하늘에 계신 너희 아버지께 영광을 돌리게 하여라. 〈마 5:13~16〉

수고하고 무거운 짐 진 사람들아, 모두 내게로 오너라. 내가 너희를 쉬게 해 주겠다. 나는 온유하고 마음이 겸손하므로 너희는 내 멍에를 자기 위에 올려놓고 내게 배워라. 그러면 너희 영혼에 쉼을 찾게 될 것이다. 내 멍에는 쉽고 내 짐은 가볍기 때문이다. 〈마 11:28~30〉

나는 포도나무요 너희는 가지니 저가 내 안에 내가 저 안에 있으면 이 사람은 과실을 많이 맺나니 나를 떠나서는 너희가 아무것도 할 수 없음이라. 사람이 내 안에 거하지 아니하면 가지처럼 밖에 버리워 말라지나니 사람들이 이것을 모아다가 불에 던져 사르느니라. 너희가 내 안에 거하고 내 말이 너희 안에 거하면 무엇이든지 원하는 대로 구하라 그리하면 이루리라. 너희가 과실을 많이 맺으면 내 아버지께서 영광을 받으실 것이요 너희가 내 제자가 되리라 아버지께서 나를 사랑하신 것 같이 나도 너희를 사랑하였으니 나의 사랑 안에 거하라 내가 아버지의 계명을 지켜 그의 사랑 안에 거하는 것 같이 너희도 내 계명을 지키면 내 사랑 안에 거하리라…. 내 계명은 곧 내가 너희를 사랑한 것 같이 너희도 서로 사랑하라 하는 이것이니라 사람이 친구를 위하여 자기 목숨을 버리면 이에서 더 큰 사랑이 없나니 너희가 나의 명하는 대로 행하면 곧 나의 친구라 〈요15:5~14〉

예수를 믿는 사람들에게 예수께서 하신 말씀을 받아들이고 지켜 달라고 요구하는 것은 기독교의 본질에 속한다. 예수의 천국 비유도 같은 주제를 가지고 있다. 예수를 통해 천국 문이 열린다. 이 천국은 사람들의 믿음을 통해 실제적인 것으로 나타난다. 믿음은 모든 것을 예수께 맡기고 그가 가르치신 대로 살아가는 것이다. 삶은 마음속에 싹튼 믿음의 필연적인 발로이기 때문에 삶을 통해 진실한, 자신도 잘 알지 못하는 자기의 모습을 읽을 수 있다. 예수도 이렇게 우리의 믿음을 읽으신다. 우리가 고백하는 말이 아니라 고백하는 그 말이 만들어지는 마음을 읽으신다. 아무리 험한 역사 현장에서라도 예수는 자신을 믿는 사람들이 자신을 의지하며 자신의 말씀에 마음을 쏟고 세상과 타협하지 않고 깨끗하게 살기를 원하신다. 세상의 관점에서는 미련하게 보여도 예수는 이들을 슬기로운 처녀들이라고 평하신다.

달란트

하늘나라는 어떤 사람이 먼 길을 떠나면서 자기 종들을 불러 그들에게 자기 소유를 맡긴 것과 같다. 그는 각 사람에게 그 능력대로 한 사람에게는 다섯 달란트를, 한 사람에게는 두 달란트를, 한 사람에게는 한 달란트를 주고 길을 떠났다. 다섯 달란트를 받은 종은 얼른 가서 그것으로 일하여 다섯 달란트를 더 벌었다. 두 달란트를 받은 종도 그와 같이 하여 두 달란트를 더 벌었다. 그러나 한 달란트를 받은 종은 가서 땅을 파고 자기 주인의 은을 숨겨 두었다. 오랜 세월 후에 그 종들의 주인이 와서 그들과 계산을 하는데 다섯 달란트를 받은 종이 다섯 달란트를 더 가지고 와서 말하였다. 주인님, 제게 다섯 달란트를 맡겨 주셨는데, 보십시오, 다섯 달란트를 더 벌었습니다. 그의 주인이 그에게 말하였다. 잘하였다. 착하고 믿음직한 종아, 작은 일에 성실하였으니 네게 많은 일을 맡기겠다. 네 주인의 즐거움에 들어오너라. 두 달란트를 받은 종도 다가와서 말하였다. 주인님, 제게 두 달란트를 맡겨 주셨는데, 보십시오, 두 달란트를 더 벌었습니다. 그의 주인이 그에게 말하였다. 잘하였다. 착하고 믿음직한 종아, 작은 일에 성실하였으니 네게 많은 일을 맡기겠다. 네 주인의 즐거움에 들어오너라. 한 달란트를 받아 두었던 종도 다가와서 말하였다. 주인님, 저는 당신이 뿌리지 않은 데서 거두고 흩지 않은 곳에서 모으는, 굳은 사람이신 것을 알고 두려워하여 가서 당신의 달란트를 땅속에 숨겨 두었습니다. 보십시오. 당신의 것입니다. 그러자 그의 주인이 그에게 대답하였다. 악하고 게으른 종아! 너는 내가 뿌리지 않은 데서 거두고 흩지 않은 곳에서 모으는 줄로 알고 있었느냐? 그렇다면, 너는 내 돈을 돈놀이하는 사람들에게 맡겼어야 한다.

그랬으면 내가 와서 이자와 함께 내 돈을 돌려받았을 것이다. 그러므로 그에게서 달란트를 빼앗아서 열 달란트를 가지고 있는 종에게 주어라. 가진 사람 모두에게는 주어지고 넘치게 되지만 가지지 않은 사람은 그가 가지고 있는 것마저 빼앗길 것이기 때문이다. 그리고 그 쓸모없는 종을 바깥 어둠 속에 내쫓아 버려라. 거기에는 울음과 이를 갊이 있을 것이다. 〈마25:14~30〉

달란트 비유의 분위기도 열 처녀 비유와 같다. 열 처녀의 비유에서 신랑의 도착이 지연된 것처럼 이 달란트의 비유에서도 주인이 오랜 후에 돌아온다. 그러나 차이점도 있다. 열 처녀의 비유는 모든 제자들에게 요구되는 일반적 책임을 다루지만 달란트의 비유는 개개인에게 맡긴 특수한 책임을 다루고 있다. 이 두 비유가 나온 직접 배경인 종말설교와 비교하면, 이 달란트 비유는 사도들에게 주신 특별명령이라고 할 수 있는 마태복음 24장 45~51절과 연결된다. "주인이 자기 집안사람들을 맡기고 그들에게 제때에 음식을 주게 할, 믿음직하고 슬기로운 종이 과연 누구냐? 이렇게 하는 동안 자기 주인이 와서 그를 발견하면 그 종은 복이 있다. 참으로 내가 너희에게 말하는데, 주인이 자기 소유 모두를 그에게 맡길 것이다. 그러나 그 악한 종이 자기 마음속으로 나의 주인이 늦어지신다 하고 중얼거리면서 자기 동료 종들을 때리기 시작하고 술꾼들과 함께 먹고 마시면 미처 생각하지 못한 날, 알지 못하는 시각에 그 종의 주인이 와서 그를 엄하게 벌하고 그를 위선자들과 함께 처리할 것이다. 거기에는 울음과 이를 갊이 있을 것이다." 이것은 예수의 제자들이 특별한 사역을 부여받았다는 것을 전제하고 제자들이 그 사역에 충실하라고 부탁하시는 말씀인데 달란트의 비유와 많은 유사점이 있다. 달란트의 비유가 이 말씀과 같은 종류의 내용을 담고 있다는 것은 이 말씀의 끝과 달란트 비유의 끝이 같다는 것을 통해서도 확인할 수 있다. 둘 다 "거기에는 울음과 이를 갊이 있을 것이다"라는 예수의 한탄으로 끝나기 때문이다. 이 비유가 사도들 이외의 사람들에게도 일반적으로 적용되는지에 관하여는 토론의 여지가 남아 있다.

달란트는 일만 달란트 빚진 자의 비유에서 설명한 것처럼 금이나 은의 무게를 재는 단위인데 이 비유에서는 은으로 나온다. 그렇지만, 이 은이 어느 정도였는지를 확인할 필요는 없다. 비유에서 중요한 역할을 하는 것이 아니기 때문이다. 여기서는 달란트를 사업을 벌일 수 있을 정도의 큰 자금이라고 생각하는 것으로 충분하다.

어떤 사람이 먼 길을 떠나면서 자신의 재산을 종들에게 맡겼다. 여행은 어쩌면 돌아올 수 없는 길이 될 수도 있다. 종들에게 재산을 맡기는 것은 주인으로서는 큰 모험을 하는 것이었다. 그러나 달란트의 비유는 주인과 종의 관계가 살벌했던 포도원의 비유와는 달리 전체적으로 두터운 신의로 얽힌 한 장면을 보여준다. 주인은 자신이 아는 종들의 능력에 따라 한 종에게는 다섯 달란트, 한 종에게는 두 달란트, 그리고 한 종에게는 한 달란트를 맡겼다. 다섯 달란트와 두 달란트 받은 종들은 즉시 가서 주인의 기대대로 열심히 일했다. 그래서 각각 다섯 달란트와 두 달란트를 벌었다. 각각 받은 달란트는 달랐지만, 주인이 맡겼던 양만큼 불려 놓았다는 데는 차이가 없다. 그러나 한 달란트를 받은 종은 다르게 행동했다. 그 이유는 알 수 없다. 주인에게 불만을 느끼고 있었을 수도 있고 돈을 잃을까 봐 걱정했을 수도 있다. 아니면, 주인이 돌아오지 않으면 돈을 자신이 챙기려고 마음먹었는지도 모른다. 그는 은을 땅을 파고 그 속에 숨겨 두었다. 오랜 세월이 지난 후에 주인이 돌아와서 종들을 불렀다. 종들은 하던 일을 정리하고 주인을 맞았다. 각기 다섯 달란트와 두 달란트를 받았던 종은 받은 것과 번 것을 함께 가지고 와서 주인에게 내놓았다. 주인은 만족해하며 종들을 착하고 충성스러운 종이라 부른다. 잘했다는 칭찬하며 함께 즐기도록 초대한다. 그뿐만 아니라 주인은 그들을 신뢰하며 더 많은 일을 맡기겠다고 약속한다. 두 종은 그동안 열심히 일한 대가를 단숨에 보상받는다. 한 달란트 받았던 종은 주인이 왔다는 소식을 듣고 달려가 땅을 파고 오래전에 묻어 두었던 은 한 달란트를 급히 꺼내왔다. 그는 주인이 이득을 좋아하는 사람이기 때문에 돈을 잃을 것을 염려하여 잘 보관하고 있었다고 보고했다. 그의 말만을 토대로 한다면, 그는 주인의 돈을 손해 보지 않고 그대로 돌려 드리는 것에 만족했을 뿐 주인의 신뢰나 자신에 대한 평가나 자신이 갖춘 능력을 전혀 계산하지 않았다. 주인의 부탁에 순종하는 모습도 보이지 못했다. 주인은 종의 말을 곧이곧대로 듣지 않았다. 대신 그의 악한 마음과 게으른 습관을 지적한다. 주인의 논리는 종이 정말 그런 식으로 생각하고 있었다면 한 달란트를 사채업자에 주어 이자라도 불렸어야 한다. 핑계가 행동을 정당화할 수는 없다. 주인은 한 달란트를 빼앗아 열 달란트를 가진 종에게 주고 그 종을 쓸모없는 종으로 쫓아내어 버렸다.

주인이 맡긴 일을 위하여 온 힘을 다했느냐 다하지 않았느냐에 따라 '주인의 즐거움에 참여하는 것'이나 '바깥 어두운 데로 내쫓는 것'이 선언되었다. 온 힘을 다한 종들과 주인의 관계는 그대로 유지된다. 그러나 한 달란트 받았던 종은 처음부터 주인과는 아무 관계도 없었던 것처럼 쫓겨난다. 이 표현은 지금까지 다룬 비유에서 배운 것처럼 천국과는 아무 관계가 없다는 최종선언이다.

이 달란트 비유는 그리스도인의 일반적 책임뿐만 아니라 특수한 책임에도 믿음과 순종, 신뢰와 삶의 필연적 관계가 그대로 적용된다는 것을 알려준다. 제자들에게 특별한 사명을 주신 예수를 정말 믿는다면 그 사람은 그 사명에 있는 힘을 다 쏟을 것이다. 그렇지 않고 한 달란트를 받은 종처럼 행동한다면, 그것은 마음속 깊은 곳에 쌓여 있는 주님에 대한 불신과 반감, 불평을 드러내는 것 이외의 아무것도 아니다.

이 비유는 예수께서 열두 제자들에게 특별히 지시하시는 말씀들 가운데 포함되어 있어서 문맥만 보면 특별한 사명을 주신 사람들의 책임만을 알려주는 것처럼 보이지만, 우리는 이 비유를 예수의 모든 제자에게로 확대 적용할 수 있다. 오랫동안 교회에서 해석해 온 대로 달란트를 하나님께서 모든 사람들에게 제각기 나누어주신 재능이나 능력으로 이해하는 것이다. 즉, 각 사람이 가졌거나 개발한 재질, 적성, 능력 등 그 사람이 할 수 있거나 하는 일을 하나님께서 각자에게 맡기신 달란트라고 부를 수 있다는 것이다. 그렇다면, 예수에게서 시작된 천국에 입각하여 회개하고 예수를 믿어 천국의 백성이 된 사람들은 누구나 천국을 위한 달란트가 있다. 이 달란트를 우리는 최대한으로 활용해야 한다. 그것은 우리의 것이 아니라 하나님께서 맡기신 것이기 때문이다. 그렇다면, 믿는 사람들이 맺어야 할 열매는 예수께서 지시하신 구체적인 삶을 사는 것만이 아니라 태어날 때부터 하나님이 주신 개인적 능력을 사용하는 것도 함께 뜻한다. 천국의 백성에게는 모든 자연적인 능력과 삶도 이제 하나님의 나라를 위한 도구가 되는 것이다.

 이 비유에서 흥미 있는 사실은 처음에는 주인이 자신의 것을 종들에게 맡겼고 종들은 주인의 재물과 신뢰에 충성을 다했는데 주인이 돌아와서는 그것을 종의 소유로 인정했다는 것이다.^{마 25:28~29} 우리가 가진 모든 것은 우리 것이면서 동시에 하나님이 맡기신 것이요, 하나님이 맡기신 것이면서도 우리의 것이다. 예수께서 충성을 다하기를 기대하시는 의무, 책임 그리고 재능은 모든 사람들에게 골고루 주어져 있다는 면에서 일반적이라고 해야 하겠지만, 각자에게 나름의 것이 다르게 주어져 있다는 면에서 특수하다고 해야 한다. 일반적인 것이든지 특수한 것이든지 간에 예수는 우리의 온 힘을 기울이는 순종의 삶을 촉구하셨다.

양과 염소

　인자가 자기 영광 속에 오고 모든 천사들이 그와 함께 올 때, 그때 그는 자기 영광의 보좌에 앉고 모든 민족들은 그의 앞에 모일 것이다. 그는 목자가 염소들로부터 양들을 갈라내듯이 그들을 서로 갈라놓고 양들은 자기 오른쪽에, 염소들은 왼쪽에 세울 것이다. 그때 임금이 자기 오른쪽에 있는 사람들에게 말할 것이다. 오너라! 내 아버지의 축복을 받은 사람들아! 세상이 만들어진 때부터 너희를 위하여 마련되어 있는 나라를 물려받아라. 왜냐하면, 너희는 내가 주렸을 때 내게 먹을 것을 주었고, 목말랐을 때 나더러 마시게 하였고, 나그네였을 때 나를 맞아들였고, 헐벗었을 때 내게 입혀 주었고, 아팠을 때 나를 돌보았고, 감옥에 있을 때 나를 찾아왔기 때문이다. 그때 의인들이 그에게 대답할 것이다. 주님, 저희가 언제 당신이 주리실 때 보고 잡수시게 하였고, 목마르실 때 마시게 하였습니까? 또 저희가 언제 당신이 나그네이실 때 보고 맞아들였고, 헐벗으실 때 입혀 드렸습니까? 또 저희가 언제 당신이 아프실 때나 감옥에 계실 때 보고 당신을 찾아갔습니까? 임금이 그들에게 대답할 것이다. 참으로 내가 너희에게 말하는데, 나의 이 가장 작은 형제들 가운데 누구 하나에게 한 것이 내게 한 것이다. 그때 임금은 왼쪽에 있는 사람들에게도 말할 것이다. 저주받은 사람들아! 내게서 물러나서 마귀와 그의 부하들을 위하여 마련되어 있는 영원한 불로 들어가거라! 왜냐하면, 너희는 내가 주렸을 때 내게 먹을 것을 주지 않았고, 목말랐을 때 나더러 마시게 하지 않았고, 나그네였을 때 나를 맞아들이지 않았고, 헐벗었을 때 나를 입혀 주지 않았고, 아프고 감옥에 있었을 때 나를 돌보지 않았기 때문이다. 그때 그들도 대답할 것이다.

주님, 저희가 언제 당신이 주리시거나 목마르시거나 나그네이시거나 헐벗으시거나 아프시거나 감옥에 계실 때 당신을 보고 섬기지 않았습니까? 그때 임금이 그들에게 대답할 것이다. 참으로 내가 너희에게 말하는데, 이 가장 작은 사람들 가운데 누구 하나에게 하지 않은 것이 내게 하지 않은 것이다. 그리하여 이 사람들은 영원한 형벌로, 의인들은 영원한 생명으로 들어갈 것이다. 〈마 25:31~46〉

예수의 재림과 그가 수행하실 인류의 심판은 예수의 제자들에게만 해당하는 국소적 현상이 아니다. 예수는 종말설교에서 종말의 사건들이 우주적이요 전 인류에게 미치는 사건일 것을 분명히 밝히셨다. 우리가 지금부터 살펴보려는 양과 염소의 비유에서도 예수의 심판 대상은 모든 민족이다. 따라서 예수의 모든 말씀을 인류 전체가 들어야만 한다는 것은 자명하다. 예수의 비유들도 제자들, 또는 기독교인들만이 들어야 하는 비밀교리가 아니다. 모든 사람들이 듣고 지켜야 할 말씀이다. 신학자들이 양과 염소의 비유를 오래전부터 모든 인류에게 주신 교훈으로 이해하고, 모든 사람에게 그대로 적용하려고 한 것은 바른 판단이다.

그러나 예수의 인격과 권위를 받아들이지 않고 믿지도 않는 사람들은 예수의 교훈과 비유도 듣지 않는다. 들었다 하더라도 바르게 이해할 수는 없다. 이 말씀들을 자신의 삶을 위하여 사용할 가능성은 더군다나 없다. 모든 사람에게 하신 교훈이지만 누구나 듣는 것은 아니다. 예수의 교훈에 귀를 기울이는 사람은 그래도 예수를 어느 정도 인정하는 사람이다. 예수의 교훈을 통해 자신의 삶의 방향을 저울질하거나 개선하려는 사람은 예수의 지혜나 권위를 받아들이는 사람이다. 그러나 예수를 천국의 왕으로 믿고 의지하는 사람만이 그의 입에서 선포된 말씀이 천국의 비밀이요 자신에게 생명을 주는 것임을 알고 이 가르침이 요구하는 대로 겸손하게 살아가려고 애쓴다.

양과 염소의 비유가 기본적으로 제자들에게 주어진 비유라는 사실은 이 비유의 의미와 목적, 그리고 그 역할을 크게 제한한다. 우선 비유의 역할과 효과에 관계된 제한성을 알아보자.

첫째, 예수께서 이 비유에서 회개와 믿음을 언급하지 않으셨다고 해서 우주적 심판의 기준을 회개 또는 믿음을 완전히 배제한 순수 행위나 순 윤리적 측면에만 두셨다고 단정해서는 안 된다. 예수 자신이 무엇보다 강조해 오셨던 자신에 대한 믿음을 유독 이 비유에서만 배제하셨다고 보는 것은 복음서 전체를 파괴한다. 예수께서 어떤 비유를 말씀하실 때는 그 상황에 필요하다고 판단하신 내용만을 집어넣으셨던 것처럼, 이 비유도 그렇게 만들어진 비유이다. 즉 제자들은 이미 믿는 사람들이기 때문에 회개나 믿음 등을 생략한 채 필요한 점만을 말씀하셨다는 것이다. 따라서 회개와 믿음 등의 요소는 이 비유에 전제된 것으로 보아야 한다.

둘째, 제자들이 이 비유를 들으며 윤리나 행위만을 심판의 유일한 근거로 이해했을 가능성은 극히 희박하다. 이때 그들은 예수를 하나님의 아들로 굳게 믿고 그를 따르고 있었다. 예수께서 다시 오시리라고 최초로 믿었던 사람들이 이 제자들이다. 그들은 예수의 재림을 보여줄 징조에 관하여 질문했었다. 예수는 그들의 확신을 다른 사람들에게 전하도록 부탁하셨다. 그러한 제자들이 자신들의 출발점인 하나님의 은총, 예수를 믿음을 배제하고 믿음과는 아무런 관련도 없는 행위만을 영생과 영벌의 유일한 근거로 이해했을 것이라는 주장은 옳지 않다.

셋째, 예수께서 양이나 염소를 말씀하셨을 때 제자들을 배제하셨을 가능성은 거의 없다. 또 제자들이 양과 염소의 비유를 자기들과는 상관없는, 외부 사람들만을 다루는 비유라고 생각했을 법하지 않다. 이 비유가 그들에게 가장 먼저 주어졌기 때문에 비유 속의 양이나 염소는 그들 자신을 포함하는 모든 사람들이라고 생각했을 것이 틀림없다. 양과 염소의 비유는 모든 사람에게 적용되지만, 최우선적으로 제자들에게 적용되는 것이다.

어떤 목자가 있었다. 그는 양과 염소를 함께 방목하다 밤이면 우리에 데려오곤 했다. 양과 염소는 같은 초식동물이면서도 습성이 달라 서로 어울리지를 못한다. 염소는 사나운데 반해 양은 온순하기 그지없다. 염소는 멋대로 헤매며 다니기를 좋아하지만, 양은 될 수 있으면 모여 다닌다. 먹이를 발견하면 염소는 다른 염소를 뿔로 받아가며 혼자 독식하려 하고 배가 터지도록 부를 때 물러선다. 그러면 두 번째 힘센 염소가 같은 짓을 한다. 양들은 염소들이 배불리 먹을 때까지 먹이 근처에 가지도 못한다. 풀이 많은 넓은 들에서는 양도 염소도 싸울 필요가 없다. 그러나 먹이가 많지 않을 때는 목자는 양을 보호하려고 염소와 따로 무리지어 지내도록 해야 한다. 이것이 양과 염소의 비유이다.

예수는 유대 지역에서 쉽게 볼 수 있는 이 목가적 광경을 하나님의 최후심판에 대한 비유로 사용하셨다. 심판이란 목자가 염소들로부터 양들을 갈라내듯이 서로 갈라놓는 것이다. 심판의 기준은 양과 염소의 습성이 아니다. 이 표상은 다른 종류의 사람들을 뚜렷이 흑백논리를 따라 갈라놓으실 것을 알려 주고자 채용되었을 뿐이다. 양을 오른편에, 염소를 왼편에 두었다는 것도 큰 의미가 있는 것이 아니다. 쌍으로 이루어진 어떤 것을 말할 때 오른편을 먼저 말하는 것이 당시 유대인의 관습이었다. 그들은 긍정과 부정을 구분할 때, 긍정적 부분을 위하여 당연히 오른편을 먼저 말했다.

양과 염소를 나누는 기준은 심판을 진행 중인 인자, 곧 임금을 향한 태도다. 예수는 자신을 돌보고 도와주고 자신에게 사랑을 베푼 사람들을 양에 비유하셨고 자신이 고난에 처해서 괴로움을 당하는 것을 보고도 도와주거나 돌봐주지 않은 사람들을 염소에 비유하셨다. 예수는 임금의 자리에 앉아 양들을 복 받을 자라고 부르시고 염소들을 저주받은 자라고 부르신다. 그들이 살아가면서 예수에게 무엇을 했느냐는 것 때문에 이렇게 다른 처우를 받는다. 이것은 예수께서 지상에 계실 때 자신을 받아들이는 사람들에게는 축복을 선언하시고 자신을 거부하는 사람들에게는 저주를 선언하신 것과 같은 기준이다. 천국이 시작된 후로 심판과 결부되는 조건은 항상 예수와 관계된 것뿐이다. 한 편으로는 영생과 축복이, 다른 한 편으로는 영벌과 저주가 선언되는 직접적인 이유는 예수를 모셨느냐 그렇지 않느냐 하는 것이다.

그러나 이 비유에 양과 염소의 모습으로 등장하는 사람들은 하나같이 예수를 만난 적이 없는 사람들이다. 이들은 예수가 지상을 떠나가신 이후와 다시 오시기 이전의 시기에 사는 사람들, 곧 예수를 육체로는 만나지 못하는 사람들이다. 만나지는 못했지만, 예수를 알고 있었는지 모르고 있었는지도 확실하지 않다. 따라서 그들은 당연히 예수를 대접한 적도 없고 푸대접한 적도 없다.

시간이 흐른 끝에 종말이 오는 것이 아니다. 예수께서 말씀하신 종말은 시간적 개념이 아니라 사건적 개념이다. 시간의 끝이 아니라 끝에 나타날 사건, 즉 예수의 재림과 심판에 초점이 맞추어져 있다. 따라서 종말을 언젠가 나타날 역사의 끝으로 이해하는 것은 많은 오해의 소지가 있다. 예수는 역사를 시간에 내맡기지 않으셨다. 예수는 자신이 기대하시는 조건이 모두 채워질 때 세상이 그 마지막 사건으로 돌입한다고 말씀하셨다. 예수는 종말과 재림의 징조를 보여 달라는 제자들에게 "이 하늘나라의 복음이 온 세상에 전파되어서 모든 민족들에게 증언될 터인데 그때 끝이 올 것이다"마24:14라고 대답하셨다. 그렇다면, 양과 염소를 구분하는 일은 사람들이 예수를 전혀 모르는 상태에서 벌어지지 않고 예수에 관한 복음이 세상에 가득 찬 다음에 일어난다. 따라서 인자의 심판대 앞에 서 있을 양들과 염소들이 인자를 전혀 몰랐다고 말하기 어렵다. 물론 전혀 몰랐다고 하더라도 큰 문제가 되지 않는다. 심판의 기준은 예수를 알았다거나 몰랐다는 것에 있지 않기 때문이다.

심판의 기준은 예수에게 무엇을 했느냐에 있다. 그런데 양이나 염소는 심판자이신 예수를 극대하거나 천대할 만한 그런 기회를 얻지 못했다. 예수를 만난 적이 없기 때문이다. 그래서 양들은 임금의 판결을 생소하게 느끼고 염소들은 임금의 선고를 억울해 한다. 임금이 자신에 대한 태도 여부로 영생과 영벌을 선언하는 것을 도무지 이해할 수 없다는 것이다.

임금은 논리는 실제 행동에 관한 것이 아니라 평가된 행동에 관한 것이다. 임금은 양과 염소가 실제로 자신에게 한 행동이 아니라 다른 사람에게 한 행동을 자신에게 한 행동으로 평가하시고 이 평가된 행동을 근거로 영생과 영벌을 선언한다. 양과 염소가 어떤 사람에게 한 행동을 자신에게 한 것으로 평가하신다는 것일까? 두 가지 해석이 가능하다. 첫째, 41절의 '나의 이 가장 작은 형제들 가운데 누구 하나' 나 45절의 '이 가장 작은 사람들 가운데 누구 하나'를 예수를 믿는 사람으로 해석하는 것이다. 예수를 믿는 사람을 대접한 것이 곧 예수를 대접한 것으로, 예수를 믿는 사람을 푸대접한 것이 곧 예수를 푸대접한 것으로 계산된다. 이 경우 양과 염소는 예수를 만난 적은 없어도 예수를 확실히 알고는 있었다고 말할 수 있다. 둘째, 41절의 '나의 이 가장 작은 형제들 가운데 누구 하나' 나 45절의 '이 가장 작은 사람들 가운데 누구 하나'를 그냥 사람으로 해석하는 것이다. 다른 사람을 향한 친절과 배려 모두가 예수에 대한 선한 행동으로, 다른 사람을 향한 푸대접이나 무시 모두가 예수에 대한 악한 행동으로 계산된다. 이 경우 양과 염소가 예수를 알았느냐 몰랐느냐는 따질 필요가 없다. 첫 번째 경우가 옳다면 이 비유는 다음과 같이 설명할 수 있다.

예수는 자신의 형제 중에 지극히 작은 사람 하나에게 한 것을 곧 자신에게 한 것으로 취급하여 축복을 선언하시거나, 자신을 믿는 사람을 무시하고 멸시하는 것을 자신에게 한 것으로 평가하여 저주를 선언하실 것이라고 하셨다. 예수는 세례 요한의 말을 듣고 세례를 받았던 세리와 창기들을 하나님을 믿은 것으로 칭찬하실 때도 같은 논리를 적용하셨다. 또 예수는 자신을 사랑하며 자신을 믿고 자신을 위하여 핍박을 받는 것을 하나님을 위한 것으로 인정하신다. 예수를 섬기는 사람들을 영접하고 친절을 베풀며 사랑을 나누어 주었다는 것은 예수에게도 특별한 태도를 보이고 있음을 뜻하는 것이다. 예수를 섬기는 사람들을 보면서도 못 본 체하는 것은 예수를 멸시하고 덩달아 하나님을 무시하는 것이다.

그러나 두 번째 해석이 옳다면 이 비유는 다른 질문을 하나 더 던져야만 바르게 해석할 수 있다.

최종의 질문을 던져 보자. 왜 예수께서 이 비유를 제자들에게 말씀하셨을까? 하나님의 심판이 제자들의 실제 행동이 아니라 평가된 행동을 따라 진행된다는 사실을 미리 알려 주어서 예수를 섬기듯이 예수를 믿는 사람들을 도와주고 보살피고 섬기도록 하시려는 것이다. 아무리 무가치해 보이는 사람에게라도 그렇게 해야 한다.

　예수는 자신을 믿는 사람에게만 그렇게 하고 자신을 믿지 않는 사람들은 굶주리고 헐벗고 병들고 어떤 고난을 당해도 버려두라고 이 비유를 말씀하셨을까? 그럴 것 같지는 않다. 임금이 가리킬 사람들, 즉 41절의 '나의 이 가장 작은 형제들 가운데 누구 하나'나 45절의 '이 가장 작은 사람들 가운데 누구 하나'를 '예수를 믿는 사람'으로 완벽하게 해석할 근거가 본문에는 없기 때문이다. 비유와 비유의 해석에 나오는 언어들은 실제 언어가 아니다. 비유어들이다. 우리는 비유에 나오는 임금을 인자로 해석했다. 양을 영생을 얻을 의인으로, 염소를 영벌을 받을 사람들로 해석하신 분은 예수시다. 그런데 41절의 '나의 이 가장 작은 형제들 가운데 누구 하나'나 45절의 '이 가장 작은 사람들 가운데 누구 하나'는 비유어인지 설명어인지 구분하기 어렵다. 이 두 표현이 비유어라면 이에 대한 설명어가 없고 이 두 표현이 설명어라면 이에 대한 비유어가 없는 것이다. 따라서 임금이 가리킬 이 사람들이 예수를 믿는 사람들인지 믿지 않는 사람들인지 확증하기 어렵다. 더 나은 가능성은 앞에 제시되었다. 그러나 적지 않은 신학자들이 이 소자들이 믿지 않는 사람들일 수도 있다는 가능성을 제시한다. 이 어려운 문제를 굳이 따지지 않는다면 어떤 해석이 나올까? 인자가 자신에게 한 것으로 평가하실 행동에는 우리 도움이 필요한 모든 사람들에게 하는 실제 행동도 포함된다. 즉 예수는 하나님의 심판이 제자들의 실제 행동이 아니라 평가된 행동을 따라 진행된다는 사실을 미리 알려 주어서 예수를 섬기듯이 다른 사람들을 도와주고 보살피고 섬기도록 하시려고 이 비유를 말씀하신 것이다. 이들이 믿지 않는 사람이거나 아무리 무가치해 보이는 사람이라도 그렇게 해야 한다.

제자들이 아니라 믿지 않는 사람들이 하는 선한 행동은 어떻게 평가되는가? 천국은 예수께서 오셨고 그 예수를 믿는 것에서 시작한다. 따라서 예수를 믿지 않는 사람들의 선한 행동은 예수가 말씀하신 천국과는 상관없는 것이다.

예수의 비유는 그의 제자들이 안심하지 못하고 수시로 그들의 믿음을 재어 보고 늘 그들의 행위와 삶을 저울질하도록 하는 것이 대부분이었다. 이 양과 염소의 비유는 우리가 예수를 위한 일에만 아니라 이웃을 위한 일에도 같은 관심과 노력을 기울일 것을 촉구한다. 예수를 믿는 사람들도 임금 앞에서 왕이 가리키는 손가락을 따라 이 사람 저 사람의 얼굴을 보고 그의 기억력 속에서 어디에서 어떻게 만난 사람인가를 애써 찾아내야만 할 날이 온다. 그때 깜짝 놀라며 안도의 한 숨을 쉬게 될지, 아니면 격렬한 항의를 하던 입을 굳게 다물게 될지 누가 알 수 있을까?

우리는 우리가 만나는 사람들을 향한 우리 자신의 생각, 말, 행동을 양과 염소의 비유를 모델로 하여 분석해야만 한다. 무심코 지나친 한 사람이 우리를 저울질할 '지극히 작은 자' 하나가 아닌지 돌이켜 보아야 한다. 주님이 주신 비유에 의하면 우리가 하루하루 만들어가는 삶 중에 어떤 것은 주님을 섬긴 것으로, 어떤 것은 주님을 버린 것으로, 어떤 사람은 주님 자신으로 계산하실 바로 그 심판이 기다리고 있다.

우리가 무심코 지나친 사람 중에 인자 앞에 앉아 우리를 쳐다보며 지금의 나의 모습을 되살릴 그 작은 자가 있다. 아니, 이렇게 생각하자. 예수는 별 쓸모없어 보이는 사람의 모습으로 우리를 찾아오신다. 진짜 예수는 아니지만, 우리에게 다가오는 모든 사람을 행여나 이렇게 찾아오시는 주님이 아닌지 생각해 보아야 한다. 이 비유는 우리가 만나는 모두를 혹시 '예수라면' 하고 생각해 보게 한다.

천국은 예수를 믿고 섬기는 것이다.
천국은 예수의 말씀에 순종하는 것이다.
승천과 재림 사이에도 그는 우리를 찾아오신다. 우리는 이웃을 섬김으로써 예수를 섬긴다. 그렇게 육체의 삶을 가지고 하나님의 영생을 얻는다. 얼마나 멋진 투자인가!

그러나 그 삶을 주님이 주셨다. 천국도 그가 주신 것이다. 그러니 하나님께 받은 것을 돌려 드리는 것에 지나지 않는다.

하나님은 우리에게 주신 것을 다른 사람을 통해 받으신다. 맡기신 것을 받아 가시려고 오늘도 누군가를 우리 주변에 보내신다. 찾아가시려고 오시는 것이다.

그는 미리 오신다
돌려주는가 보시려고
누군가의 모습으로
우리 곁에 나타나신다
그가 예수라면?

받았으면
주어야 한다
줄 수 있으면
제대로 받은 사람이다
정말 예수를 믿는 사람이다

천국은 우리의 영원한 나라가 된다
예수께서 선언하실 것이다